KB099006

직장 생활이 달라졌어요

언택트 시대 성과를 내는 법

직장 생활이 달라졌어요

정정우 지음

모아북스
MOABOOKS

팬데믹이 바꿔놓은 직장 생활의 미래

코로나19가 세상을 뒤집어놓았다. 그전에 우리를 괴롭힌 바이러스들과는 차원이 다르다. 코로나19는 상시 착용 물품이 되어버린 마스크와 함께 우리 삶의 모든 것을 뒤바꾸었다.

지금 이 시간에도 코로나19 전염 때문에 폐쇄되는 직장이 속출하고 있다. 따라서 코로나19 전염을 예방하기 위한 사내 캠페인 전개와 개인위생 점검은 필사적이 될 것이다. 점심식사를 제공하는 구내 식당의 풍경도 크게 변하고 있다. 끼리끼리 붙어 앉아 화기애애하게 점심을 나누는 풍경은 더 이상 미덕이 아니다. 함께 먹지만 따로 먹는 방식의 메뉴가 주를 이룰 것이고, 모든 단체와 조직은 그 안에서 극단적인 개별화를 이룸으로써 코로나19에 대처하게 될 것이다.

직장 생활 즐거움의 절반이라던 회식은 머잖아 아련한 추억으로 남게 될지도 모르겠다. 거의 모든 직장에서 회식은 이미 절반 이하로 줄어들었고, 회식 전면 금지를 포고한 직장도 늘어나고 있는 추세다.

코로나19는 '악수의 문화'까지 끝장낼 태세다. 악수는 세계 공통의 비즈니스 인사법으로 통용된 지 오래된, 하나의 문화다. 원래 내 손에 무기가 없으니 안심하라는 제스처로 손바닥을 펴 맞잡은 데서 악수가 유래했다는데, 이제 손을 맞잡으면 코로나19 감염 때문에 되레 위험하다고 금지당하기에 이르렀으니 악수의 처지도 기구하게 되었다. 장차 악수를 대신할 비즈니스 인사법은 무엇이 될까.

재택 근무라면 모를까, 직장 사무실 자리 배치도 풍경도 사뭇 달라지고 있다. 주위 사람과의 간격은 몇 미터로 해야 감염예방 수칙에 맞는 걸까. 대기업일수록 더 좁게 다닥다닥 붙어 앉아 있다가 2~3미터씩 떨어져 앉히려면 그 공간이 어디서 나올까. 그 핑계로 설마 직원들 나뭇가지 치듯 쳐내는 건 아니겠지. 임원들에게처럼 독방은 못 내줄망정.

그렇다면 이제 직장은 디지털 기반의 비대면 협력 및 협업 도구를 적극 활용하여 공간의 한계를 극복하려 할 것이다. 이제 와이파이만 있으면 어디든 사무실이 된다. 그밖에 다양한 종류의 협업 도구가 출현할 것이다. 비즈니스 현장에서는 계약까지도 모두 디지털로 전환하는 움직임이 현실화되고 있다.

공간의 부족을 해결하기 위해 부분적인 재택 근무도 적극 활용될 것이다. '재택 근무의 날'도 생기지 싶다. 재택 근무는 양날의 칼이다. 잘 활용되면 나도 좋고 회사도 좋지만 자칫 쉼터까지 일터로 점령당해 휴식 없는 노예로 전락할 수도 있을 터. 그러니 재택 근무는 정신 바짝 차리고 코로나19 환경에서는 일하는 방식에 대한 근본적인 고민이 요구된다. 온라인과 오프라인의 절묘한 결합과 절충이 필요하다. 이제 '노멀' 은 아니지, '뉴 노멀' 해야 해.

   이처럼 사람들이 대면하기 어려운 시대에는 비대면 연결 기술이 구성원들 간의 커뮤니케이션 질을 결정한다. 그렇잖아도 대기업과 중소기업 간의 기술 격차가 크게 벌어져 있는데, 그 격차가 더욱 벌어져 근무 환경 차이를 더욱 벌려놓지 않을까 우려된다.

   그러나 아무리 비대면 연결 기술이 발달해도 커뮤니케이션 활동 지수가 하락하여 끝내 채워지지 않는 갈증이 있다. 조직에 대한 소속감, 충성도, 몰입도 같은 것들 말이다. 어쩌면 이것들은 경영진의 가장 큰 고민이다.

   그동안 대면의 공간에 의해 통제하던 힘이 비대면의 디지털을 타고 '실시간으로' 전달되면서 직장인들은 전에 없는 스트레스를 받게 될 것이다. 업무 평가 기준이 모호해지면서 평가 결과에 대한 갈등도 심화될 것이다.

   무엇보다 노동 가치가 재해석되고 재평가되면서 값도 달리 매겨질 것이다. 대면 노동에서는 대면한 시간으로 산출되던 노동 가치가 비대면 노동에서는 다양한 근무 형태만큼이나 시간이 아닌 다양한 기준으로 산출될 수밖에 없게 되었다.

   고용 형태가 급변함에 따라 고용시장도 급변할 것이다. 공채 형식의 대규모 채용은 자취를 감추게 될 것이다. 그때그때 필요한 수요가 생기면 핀셋 고용으로 '일할 사람' 만 뽑을 것이다. 지금까지도 그래왔지만 외주는 더욱 확대될 것이고, 대기업은 플랫폼으로서 이윤만 챙기고 고용에 관한 한 모든 책임과 위험에서 자유로워지려 할 것이다.

같은 맥락으로 대기업이든 중소기업이든 연구기관이든 모든 조직은 슬림화를 추구할 것이다. 핵심 전력만 몸체로 유지한 채로 대부분의 인력을 인력시장이나 프리랜서 시장에서 빌려쓰게 될 것이다. 지금은 정부의 억제로 눈치를 보고 있지만 임계점을 넘어서면 곧 코로나19 발 구조 조정의 태풍이 몰아칠 것이다.

지금은 대면 서비스의 하락과 비대면 서비스의 강세 국면에 있고, 비대면 비즈니스의 강세가 지속되면서 강화될 것이지만 결국 둘이 융합되어 대면과 비대면의 경계가 무너질 것이다. 그런 가운데 많은 기업들의 흥망성쇠의 역사가 바뀔 것이다.

[이 책은 어떤 내용으로 구성되어 있나요?]

제1장 [직장 생활, 책임감 있게 시작하기]에서는 코로나19 시대의 직장문화와 업무방식의 변화를 제시하고, 직장인 특히 사회초년생으로서의 태도의 문제, 습관의 문제를 다룸으로써 직장인으로서 기본 업무와 함께 문제해결, 업무 요청, 메시지 전달, 상대방을 같은 편으로 만드는 것에 눈뜸으로써 신입사원 딱지를 벗고 중요한 업무를 감당할 역량을 키우는 행동 라인을 제시한다.

제2장 [직장 생활, 화끈하게 맛보기]에서는 직장에서 일어나는 일상의 에피소드를 통해 직장 생활이란 이런 거구나, '그래, 직장 생활이 그렇지.' 하는 공감을 나누고 그 의미를 느껴게 한다. 그러는 가운데 '직장 생활을 이렇게 해야 하겠구나,' 하는 지침을 전하고 있다.

제3장 [직장 생활, 은근슬쩍 엿보기]에서는 본격적으로 직장 생활에서 벌어지는 생생한 이슈를 에피소드와 함께 한 꺼풀 들춰본다. 그냥 지나칠 수도 있는 사소한 에피소드들이다. 직장의 민낯을 살짝 들여다보고, 직장 생활에서 자신을 객관화시켜 보게한다.

제4장 [직장 생활, 세심하게 돋보기]에서는 직장 생활에 알아두면 쓸모 있을 에피소드를 모았다. 네트워크, 화법, 비즈니스 미팅 잘하기 등의 이야기를 생생한 에피소드와 함께 즐거운 직장 생활에 관한 지혜를 얻을 수 있도록 안내한다.

끝으로 전문 작가가 아니어서 문장이 거칠고 투박하다.
다만 생생하게 전달되기를 바랄 뿐이다.

직장 생활 어떻게 시작해야 하는가?

첫 출근. 직장 생활에 누군가에게는 설레는 순간이고, 누군가에게는 긴장되는 순간이고, 누군가에게는 두려운 순간일 것이다. 새로운 공간, 새로운 사람, 새로운 일, 온통 새로운 것들로 가득한 순간. 그것도 학교라는 세상에서 사회라는 세계로 들어가는 순간이 던져주는 떨림 가득한 그날을 나는 생생하게 기억한다.

취업을 위해 지난 몇 년간, 어쩌면 대학생활의 전부를 다 보냈는지도 모른다. 합격 통지를 받고 이제 "고생 끝, 진짜 인생 시작!"을 외치며 얼마나 짜릿한 감동의 시간을 보냈던가. 주변의 축하와 부러움을 한가득 받으며 멋진 사회인, 빛나는 직장인이 되리라는 꿈에 부풀어 첫 출근의 그날을 기다렸다.

나의 멋진 청춘을 기약하며 시작한 직장은 혼돈의 연속이었다. '어떤 부서에서 근무하게 될까', '부서 사람들은 또 어떨까' 라는 다분히 현실적인 직장 생활에 대한 두근거림이 삶의 현장에서 분출하는 직장인의 실체로 변하는 데 그리 오랜 시간이 걸리지 않았다.

출근과 동시에 정신없이 업무들을 쳐내다보면 퇴근시간이고, 회의와 미팅으로 그리고 각종 업무 지시들로 채워진 하루를 보내고 나면 물에 푹 젖은 솜뭉치마냥 온몸을 침대에 누이기 급급했다. 퇴근 후와 주말에 즐기려고 했던 나의 일상은 그냥 생활인의 현실일 뿐이었다.

그렇게 5년여를 지내고 보니 직장 생활이 눈에 들어오기 시작했고 10년이 지나자 손에 잡히기 시작했다. 다시 30년을 보내고 나니 '아, 이걸 신입사원 시절에 알았더라면' 하는 것들이 수두룩하게 삐져나와 나를 놀리듯 웃고 있었다.

대학을 졸업할 즈음에 누구나 가지는 '내가 신입생이라면 대학을 이렇게 보낼 텐데' 하는 생각과 다름 아니다. 충분히 학습할 수 있고, 준비할 수도 있는 것인데, 아무도 가르쳐주지 않았다. 아니, 가르쳐 준 사람은 많았을 텐데 내 귀가 열리지 않았고, 어쩌면 가르침이 조각조각으로 던져지다 보니 내 마음속에 제대로 갈무리하지 못했을 수도 있다.

이 책은 직장인들에게 들려주고 싶은 날것 그대로를 담았다.

달리기 시합을 할 때 우리는 세상에서 보기 드문 평등의 기회를 맞는다. 출발선에 서 있다는 것은 엄청난 평등의 순간이다. 모든 사람에게 동일하게 남아 있는 거리와 아무런 도구나 기구를 사용할 수도 없고, 어느 누구의 도움도 받지 않은 채, 오직 두 다리만 허용되는 출발선은 정말이지 공평하다.

신입사원 시절은 직장이라는 긴 달리기의 출발선이다. 아마 인생에서 두 번 다시 만나기 힘든 평등의 시간이 아닐까 싶다. 달리기는 출발의 속도와 속도를 끝까지 유지하게 하는 지구력의 싸움이다.

그래서 선수들은 연습하고 또 연습한다. 분명 평등한 조건인 듯 보였지만 얼마나 연습하고 준비했는지는 출발하자마자 나타난다.

이 책은 슬기로운 직장 생활을 꿈꾸는 사람들을 위한 이야기를 담았다.

시중에는 직장 생활을 잘하려면 어떻게 해야 하는지를 알려준다는 책이 널려 있다. 많은 사회학자들, 성공한 CEO들, 화려한 전문 강사들의 자기계발서들이 성공의 길로 안내한다며 서점에 가득하다. 그런데 대부분은 지나치게 원론적이거나 식상하거나, 아니면 생경한 탓으로 아쉬움이 컸다. 그러던 차에 책을 쓰라는 주변의 권유를 받게 되었다.

취업을 준비하는 대학생들에게 들려주던 이야기, 삼성그룹 신입사원 입문교육 시 전문 강사로 전하던 직장의 민낯 이야기, 오랜 부서장 생활을 거치며 수많은 신입사원 멘토링 이야기들 가운데 영향을 주고받았던 지인들의 권유에 책으로 묶어보기로 했다.

이 책이 이제 첫걸음을 떼는 직장 생활의 좋은 출발을 이끌기를, 이미 출발한 직장 생활에는 좋은 영향을 미치기를 바라는 마음이다.

직장 생활에서 가장 중요한 것은 뭘까?

직장에서 가장 중요한 인덱스는 효율이다. 그래서 직장은 좋은 인프라를 구축하고 좋은 사람을 뽑으려고 한다. 직장에서 좋은 사람, 즉 인재란 효율적인 사람이다. 드라마 〈미생〉에서 오 과장이 신입사원 장그래에게 하는 말도 그렇다.

"왜 너야? 우리에겐 일당백이 필요해. 알지?"

여기서 '너'는 무척이나 비효율적이라고 인식될 수밖에 없는 '신입사원'이고, '우리'는 치열한 전쟁터를 누비고 있는 '기존 직장인'일 것인데, 과연 '일당백'은 어떤 사람일까. 신입사원 장그래는 일당백이 아님에 분명하고, 오 과장은 장그래가 탐탁지 않다.

일당백은 효율적인 사람에 다름 아니다. **효율적인 사람이 되는 방법은 남과 다르게 하는 것이다.** 다른 사람이 생각지 않은 것을 생각하고, 다른 사람이 보지 않는 것을 보는 것이고, 다른 사람이 쓰지 않은 방법을 쓰는 것이다. **한마디로 '차별화'다.**

'효율' 이 직장의 인덱스라면 직장 생활의 키워드는 '차별화' 다.

그동안 직장 생활과 업무를 접할 때마다 해소되지 않은 갈증은, '공감은 가지만 그래서 내가 뭘 해야 하는 거지' 하는 질문이었다. 무엇을 어떻게 해야 차별화가 가능할지, 직장에서의 생생한 에피소드와 함께 풀어놓으려 한다.

정정우

차 례

제1장 직장 생활, 책임감 있게 시작하기

제4장 직장 생활, 세심하게 돋보기

제1장

직장 생활, 책임감 있게 시작하기

직장인이 어느 회사에서 어떤 일을 하더라도 일의 본질은 같다. 최선의 노력을 다해야 하고, 사람들과 조율할 줄 알아야 하고, 규칙을 따라야 하며, 스스로를 통제할 줄 알아야 한다. 다들 벗어나고 싶어하는 조직생활이지만 나는 그 안에서 성장해왔으며 지금의 내가 만들어진 요람이다. 현재 조직생활을 하면서 이런 태도를 가진다면 나는 괄목상대할 만큼 부쩍 성장하고 성숙한 직장인이 될 것이다.

01

코로나19 팬데믹으로
조직 문화가 바뀌었다

이제 세상은 코로나19 전과 후로 나눌 판이다. 코로나19는 전 세계로 퍼져 불과 몇 달 만에 세계인의 일상을 송두리째 바꿔놓았다.

날이 더워지면 한풀 꺾일 것이라던 예상을 비웃기라도 하듯 가공할 전파력을 지닌 이 바이러스는 자가 변이를 통해 높은 기온에도 쉽게 적응하면서 오히려 전파력을 증강하고 있어, 탁월한 대응력을 지닌 치료제와 백신이 개발되어 보급될 때까지는 우리가 껴안고 살아야 할 것으로 보인다.

이제 코로나19를 이른 시일 안에 퇴치하는 것은 사실상 불가능하게 되었다. 앞으로 1년이 될지 2년이 될지 모르지만, 그때까지는 개인과 조직의 일상과 모든 분야의 국제질서가 '코로나19 보건'에 맞춰 변화할 수밖에 없게 되었다.

가장 근본적인 변화는 면대면 접촉의 최소화와 비대면 접촉의 극대화

이다. 사적인 만남은 상당 기간이라도 자제하면 되지만 공식적인 조직생활이나 경제활동은 어떻게든 영위해야 한다. 특히 직장 생활은 기업의 생존과 구성원들의 생계가 달린 문제이므로 아무리 코로나19의 위협이 강해도 멈출 수 없는 활동이다.

물론 그렇긴 하지만 직장 생활을 비롯한 조직생활이 코로나19 이전과는 같을 수 없다. 아니, 패러다임이 바뀔 만큼 전면적으로 변화할 수밖에 없다. 따라서 조직 문화도 그에 따라 당연히 크게 바뀔 것이고, 바뀌어야 한다.

그렇다면 **조직 문화**란 무엇일까?

개인을 특징짓는 개성과 같이 개별 조직이 다른 조직들과 구별되는 고유의 독특성을 조직 문화라고 한다. 다시 말해 조직과 조직에 속한 개인의 태도와 행동에 영향을 주는 공유된 가치와 규범을 의미한다. 이 독특성을 설명하는 구성요소는 구성원들의 가치 의식_{선호 가치}, 태도, 신념 등과 행동 방식_{업무 수행, 대인관계, 욕구 표출 방식 등}으로 집약된다.

이런 조직 문화를 코로나19 사태가 송두리째 흔들어놓았다. 우선 조직의 구성원끼리 대면하는 것부터가 조심스러워졌다. 따라서 대면 접촉이 불가피한 경우가 아니라면 모두 비대면 온라인 접속으로 급속하게 바뀌었다. 조직 문화의 큰 부분을 차지하던 회식 문화도 거의 자취를 감췄다. 더 나아가 아예 재택 근무를 시도하는 기업들이 크게 늘어나고 있다. 이렇게 조직 문화를 형성하는 조건 자체가 기초부터 바뀌고 있다.

직장인들은 느닷없이 혁명적인 변화의 상황에 놓이게 된 것이다. 자칫 그 변화의 물결에 휩쓸려 익사할 수 있는 위험한 상황이다. '어떻게 하면 그 변화의 물결을 무사히 타고 넘어 포스트 코로나19 시대에 안착할 것 인가' 하는 것이 눈앞의 과제로 떨어진 것이다.

코로나19에 대응하는 조직 문화에서, 회사에 출근하여 벌어지는 사항 들이야 규정된 안전 수칙에 따르면 되지만 출근하는 대신 처음 맞는 장 기간의 재택 근무는 여러 모로 고민이 될 수밖에 없다. 그동안은 잘 짜인 조직 안에서 저절로 움직여지는 부분이 많았지만 재택 근무는 모든 시 간, 거의 모든 사항을 스스로 컨트롤하고 효율적인 상태를 지속해야 하 기 때문이다.

재택 근무는 눈에 안 띄니까 더 편할 것 같지만 실은 정반대다. 회사에 출근하여 여럿이 함께 있을 때보다 개개인의 능력과 성과가 더 확연하게 드러날 수밖에 없기 때문이다. 회사에 출근하여 일할 때는 능력자로 인 정받았던 직원도 재택 근무에 효율적으로 적응하지 못하면 자칫 무능력 자로 전락하기 십상이다.

사실 재택 근무는 코로나19가 아니라도 혁신적인 업무 방식으로써 이 미 확산 추세에 있던 것인데, 코로나19로 인해 그 속도가 더 빨라지고 그 범위가 더 넓어진 것뿐이다. 그러니 직장 생활을 하는 누구라도 재택 근무에 익숙해질 필요가 있다.

재택 근무는 회사로서는 공간 사용과 오프라인 조직 운용에 들어가는 막대한 비용 절감, 근무자로서는 출퇴근 준비 및 출퇴근에 소요되는 시간 및 비용의 절감, 편안하고 친숙하며 독립적인 업무 환경 등 장점이 많은 업무 방식이다. 그러나 업무 관리의 어려움, 동시다발적 소통의 어려움, 업무 능력의 개인 편차에 따른 어려움, 업무시간과 개인시간의 명확한 구별의 어려움 등 적잖은 난관이 있다.

재택 근무에 성공적으로 적응하여 업무 효율을 높이려면 적어도 다음 5가지 사항은 실천할 필요가 있다.

첫째, 집에서 업무를 볼 공간을 업무 수행에 맞춰 최적화한다.

회사의 사무실은 업무에 필요한 시스템이나 도구가 완비되어 있고 공간도 업무에 적합하도록 정비되어 있지만 거주하는 집은 아무래도 업무를 보기에는 산만한 편이고 시스템이나 도구도 허술하여 업무에 집중하기가 쉽지 않다. 무엇보다 집 안에 독립된 업무 공간을 확보하여 휴식 공간과 확실하게 구분하는 것이 중요하다. 그리고 책걸상을 비롯한 사무 집기를 최대한 업무에 편하도록 구성하고 준비한다. 만약 거주 공간이 좁아 따로 업무 공간을 빼내기가 곤란하다면 파티션 같은 것을 활용해서라도 독립된 분위기를 조성할 필요가 있다.

둘째, 자기만의 방식으로 재택 근무 루틴을 최적화한다.

우리는 출근에 익숙해 있어서 회사에 출근하기만 하면 바로 업무 모드로 전환되는 루틴을 가지고 있다. 그러나 집에서는 출퇴근 개념이 없으므로 그런 전환이 쉽지가 않다. 이때 유용한 방법이 그날의 일과, 즉 '할 일 목록to-do list'을 적어보는 것이다. 리스트는 그날 안에 반드시 해야 할 일, 가장 중요한 일, 가장 시급한 일을 구분하여 작성하는 것이 좋다. 이렇게 작성한 일과표대로 업무를 수행하는 습관을 들이면 회사에 출근하여 일하는 것보다 효율적으로 업무를 처리할 수 있게 된다.

셋째, 원활한 소통으로 필요한 지원을 제때에 주고받을 수 있는 채널을 확보한다.

재택 근무를 하다 보면 팀이나 동료들의 협조가 당장 필요한 경우에 곤란을 겪을 수 있다. 서로 다른 공간에 있다 보니 즉각적인 소통이 쉽지 않기 때문이다. 바로 이런 장애를 최소화하기 위한 사전 준비가 필요하다. 협업이 필요한 업무는 사안별로 적합한 툴을 통해 상시 소통 채널을 구축하는 것이 그것이다. 특히 시급한 업무는 그에 관련된 스태프 모두와 언제라도 즉각 소통할 수 있는 채널을 마련하여 충분히 인식시키는 것이 중요하다.

넷째, 다수가 참여하는 화상회의는 최소화하는 것이 좋다.

화상회의는 대면회의에 비해 준비가 번거롭고 여러 제약 요소로 인해 시간도 많이 걸린다. 따라서 긴요하지도 시급하지도 않으면서 즉흥적이거나 잦은 화상회의는 오히려 직원들의 집중력을 크게 떨어뜨려 업무를 방해하는 결과를 초래한다. 재택 근무는 한번 리듬이 깨지면 리듬을 다시 찾기가 쉽지 않으므로, 잦은 호출이나 회의가 재택 근무의 가장 큰 적이 될 수 있다.

다섯째, 업무 시간과 휴식 시간, 그리고 업무 시작과 마감 시간을 분명하게 구분한다.

재택 근무의 가장 어려운 점은 사생활과 직장 생활이 잘 구분되지 않는다는 점이다. 그러다 보면 업무에 좀처럼 집중하지 못하거나 아니면 업무에 지나치게 몰입한 나머지 적절한 휴식을 취하지 못하게 된다. 그러므로 회사에 출근해서 일할 때를 참조하여 업무 시작 시간, 휴식 시간, 점심 시간, 업무 마감 시간을 정해놓고 습관을 들일 필요가 있다. 야근이나 휴일 특근은 불가피할 경우로 한정하여 극히 예외적이어야 하며, 일 욕심에 무심코 습관을 들여서는 안 된다. 그렇지 않으면 자칫 번아웃이 되기 십상이어서 건강을 해치게 되고 업무의 지속성을 떨어뜨린다. 그러니 재택 근무일수록 출퇴근 시간, 업무시간, 휴식시간을 칼같이 지키는 것은 물론이고 휴일에는 충분히 쉬면서 재충전하는 것이 필요하다.

■ 할 일 목록 to-do list 작성 요령

- 리스트는 간단하고 명확하게 작성한다

남에게 보여주기 위해서가 아니라 자신이 보기 위해 작성하는 리스트이므로 자기 편한 방식으로 간명하게 작성하는 것이 좋다.

- 리스트는 그날 실행 가능하도록 작성한다

의욕이 넘쳐 너무 많은 리스트를 작성하게 되면 그날 다 끝내지도 못할뿐더러 오히려 업무에 방해가 된다. 이리하여 리스트를 지키지 못하는 날이 반복되면 리스트를 작성하는 의미가 없게 된다.

- 리스트는 각 업무마다 마감 시간, 즉 데드라인을 정한다

데드라인을 정하여 업무를 보면 적당한 심리적 긴장을 일으켜 업무 집중력이 크게 높아진다. 만약 업무별 데드라인을 정해놓지 않으면 긴장감도 떨어지고 나중에는 뒤죽박죽이 되어 업무를 망치게 된다.

- 일의 중요성과 긴급성에 따라 우선순위를 정한다

흔히 사용하는 4분면 매트릭스를 이용하여 업무를 중요 정도와 긴급 정도에 따라 분류한다. 첫째는 중요하고도 긴급한 일, 둘째는 덜 중요하지만 긴급한 일, 셋째는 중요하지만 덜 긴급한 일, 넷째는 덜 중요하고 덜 긴급한 일이다. 이렇게 일을 우선순위에 따라 분류하여 처리하는 습관을 들이면 일의 체계가 잡혀 업무 효율성과 생산성이 극대화된다.

02

이제부터
일하는 방식은

코로나19 팬데믹에 따라 평범한 일상은 물론이고 개인 간의 인간관계, 국가 간의 국제관계에 이르기까지 우리 삶 전반에 걸쳐 변화의 물결이 휩쓸고 있다. 우리의 경제생활 역시 예외가 아니어서, 가장 직접적이고도 치명적인 영향을 받고 있다.

코로나19 팬데믹으로 비즈니스와 여행 등 전 지구적 이동이 멈추고, 비즈니스, 경제, 사회가 유례없는 충격에 노출되어 있다. 앞으로 어떤 미래가 펼쳐질지, 어떤 기업과 개인이 살아남을지 모든 경제 주체가 촉각을 곤두세우며 코로나19의 향방을 쫓고 있다. 인공지능AI, 로봇, 사물인터넷, 자율주행차, 블록체인 기술, 3D프린팅 등 4차 산업혁명의 변화가 점진적으로 변화를 주고 있는 가운데, 코로나19라는 충격이 가해짐으로써 변화의 속도는 더욱 빨라지고 있으며, 향후 몇 년 동안 우리의 미래는 어떻게 변화될지 알 수 없게 되었다.

"인간은 사회적 종이어서 많은 사람들과 어울리지 않고 싶어하는 내향적인 이들조차도 여전히 작은 그룹 사람들과는 함께하기를 선호한다. 사람들은 적절한 사회적 거리를 두는 행동에 익숙지 않고, 이를 지속하게 되면 불안과 우울증을 유발할 수 있다."

인지과학 분야의 세계적인 석학인 아트 마크먼텍사스대학 교수의 말대로 **'코로나19 블루'로 불리는 개인의 우울감과 사회의 불안감이 널리 퍼지고 있다.** 이는 일상화된 감염에 대한 걱정, 경제활동 위축으로 인한 생활난, 사회적 관계의 단절, 가속되는 온라인 사회에 대한 피로감과 같은 것들의 엄습에 따른 것이다.

마크먼은 이에 대해 "저마다 비공식 대화를 통해 사람들과 연결할 수 있는 방법을 찾으면 도움이 될 것이다. 지금은 결과적으로 소셜미디어와 이메일을 사용해 예전에 우연히 만날 수 있었던 사람들과 연결하는 것이 중요하게 되었다"고 진단했다.

그는 또 포스트 코로나19 시대에 찾아올 가장 큰 변화로, 지식 노동자들의 원격 업무 활용도가 크게 증가할 것으로 보았다. 그는 **"코로나19 팬데믹 상황은, 지식 노동을 수행하는 많은 기업들이 원격으로 일하면서도 조직이 효과적으로 작동할 수 있다는 사실을 확인하는 계기가 되었다"**고 했다.

이제 세상은 마스크 쓰기와 거리 두기가 일상화되고 혼자 밥먹는 일이 익숙해졌다. 포스트 코로나19 시대에 대한 적응은 누구나 겪어야 하는 필수 과제가 되었다.

직장 생활 역시 탈바꿈했다. 날마다 회사로 출근하고 한 달에 두서너 번씩 회식하느라 뭉쳐다니던 모습은 자취를 감췄다. 그동안 일부 외국계 회사나 혁신적 회사의 일로만 알았던 재택 근무나 영상회의 같은 낯선 방식이 우리도 모르는 사이에 당연한 듯 일상으로 스며들었다.

이렇듯 코로나19를 계기로 일하는 방식이 바뀌고 있다. 근무 형태가 다양해지고 시간도 유연해지는 가운데 일부 스타트업이나 IT기업의 전유물로 여겨온 원격 근무도 날로 확산되고 있다. 그에 따라 이른바 '언택트' 산업의 번창이 가속화하고 있다.

코로나19 사태가 끝나더라도 이 같은 변화가 노동 문화로 자리 잡을 것이다. **고강도 사회적 거리 두기가 완화되더라도 많은 기업들이 전면 또는 부분 재택 근무를 유지하거나 새로 도입할 것이다.**

이처럼 짧게 보면 노동 형태의 변화가 두드러지겠지만, 좀 더 길게 보면 업무 영역, 고용 형태, 노동 시간 산정, 급여 지급 방식, 업무 평가 방법 등 전반으로 변화가 번질 것이다. 이런 변화는 변화에 민감한 벤처기업이나 일부 중소기업에 국한된 것이 아니라 대기업과 공공기관 등 보수적인 조직에서도 빠르게 확산될 것이다.

금융회사의 변화는 눈여겨볼 만하다. 그동안 금융 당국은 개인의 금융 정보를 집에서 다루면 금융 사고로 이어질 수 있다는 우려 때문에 금융회사 콜센터 직원의 재택 근무에 부정적이었다. 금융회사들이 별도의 보안 인터넷망과 이동저장장치USB 사용이 불가능한 전용 단말기를 설치

한 뒤에도 쉽사리 용납하지 않았다. 그러나 코로나19 사태 이후 금융 당국의 그런 태도에 적잖은 변화가 감지되고 있다.

증권업계에서는 전통 대면 업무에 속하는 기업공개IPO 과정이 온라인으로 대체되었다. 기관 투자자와 예비 상장사 투자 미팅이 대부분 화상 회의로 이루어지고, 언론을 대상으로 실시되던 오프라인 설명회도 유튜브나 줌을 이용한 온라인 기반의 실시간 세미나로 이루어지고 있다. 신규 투자자를 위한 투자 세미나 역시 예외가 아니다.

보험업계에서는 보장 분석에서 보상 상담까지 '언택트' 온라인 근무 형태가 빠르게 자리 잡고 있다. 콜센터 업무 역시 재택 근무로 확대되었는데, 콜센터는 개인정보를 다루는 업무 특성상 재택 근무가 제한되어온 부문이다.

은행권에서는 부분적이긴 하지만 재택 근무가 시행됐다는 점 자체가 큰 변화다. 망 분리 규제 때문에 은행의 재택 근무 도입은 이례적인 일로 꼽힌다. 코로나19 사태 종결 후에도 재택 근무가 지속될지는 모르겠지만 은행권이 재택 근무 데이터를 축적했다는 점만으로도 의미가 크다.

정식으로 원격 근무를 도입하는 회사들이 늘어나는 가운데 금융권 회사들도 그 대열에 합류하고 있다.

사실 '언택트'는 새로운 기술이 아니다. 관련 솔루션은 이미 개발되어 상용화 단계로 접어들었지만 심리적 장벽이 높아 수요가 일부에 그쳤을 뿐이다. 그러던 것이 코로나19로 인해 재택 근무가 확산되면서 사회적 수요가 폭증한 것이다. 심리적 장벽이 일거에 해소되었다.

이런 재택 근무, 온라인 소통 시대에 직원들은 어떻게 업무를 조직하고 관리해야 할까? 그전의 대면 회식 문화는 어떤 방식으로 변화할까?

직원들은 시간과 공간 자율권이 커지면서 스스로 업무 관리를 디자인해야 하고, 그 과정에 대한 책임 또한 더 무거워지게 될 것이다. 회사는 결과와 함께 과정이 얼마나 충실했는지 판단해야 하므로 평가 방식이나 평가 기준도 재정립되어야 할 것이다.

지금까지는 회사가 정한 기준에 따랐다면 앞으로는 팀장이나 직원 스스로 정한 기준에 따르는 경우가 늘어나게 될 것이다. 그야말로 자율관리 시대가 되어가고 있다.

회식 문화도 코로나19 이전의 방식으로 돌아가기는 어려울 것이다. 저마다 집에서 앱을 통해 회사가 주는 간식이나 커피 쿠폰을 전달받아 나홀로 회식을 즐기든지, 영상회의 기능을 이용해 '랜선 회식'을 즐기게 될 것이다.

코로나19 팬데믹이라는 비상 상황에서 제도와 일상 간에는 큰 차이가 있다. 앞으로 우리는 하루하루를 어떻게 보내야 하는지, 무엇을 준비해야 하는지, 내 업무를 어떻게 관리해야 하는지 등 더 힘들고 어려운 고민을 지속해야 한다.

03

모든 것은
태도에 달려 있다

"내가 하는 일이 나 자신은 아닙니다. 내 직업이, 연봉이, 나를 둘러싼 사람들과의 관계가 '나'라는 사람을 규정할 수는 없습니다. 그런 것들이 사라졌을 때 나는 과연 누구일까요?"

세계적인 심리학자 웨인 다이어Wayne Dyer는 이렇게 물으며, 바쁜 일상에서 잠시 멈춰서 자신을 들여다보는 질문을 던질 것을 권한다. 그리고 흔들리지 않는 단단한 삶을 위해서는 '인생에 대한 나만의 태도'를 스스로 정해야 한다고 조언한다.

"인생에서 영원히 똑같은 것은 없다. 중요한 것은 그 어떤 유동적인 상황에 놓이더라도 이것이 나와 우리를 돌보는 소중한 일임을 알고, 서로를 신뢰하며, 발을 빼지 않는 태도일 것이다."

작가 임경선 역시 인생에서 직업생활에서 중요한 것은 태도라고 말한다. 그는 사랑에는 철벽을 치거나 각박해지고, 일에는 변명을 일삼고, 인간관계는 타인에게 휩쓸리기만 하고, 세상의 법칙에는 짓눌리기만 하는 현대인들에게 "사랑에는 관대하게, 일에는 성실하게, 인간관계에는 누구보다도 자신에게 정직하게, 세상과의 관계에는 공정하게" 할 것을 제안한다.

요즘의 세태는 이런 태도에 대한 갈수록 냉소적이 되어 간다. '노력'을 과소평가하는 최근의 분위기는 참으로 우려스럽다. 그나마 노력 없이 무엇을 할 수 있단 말인가. 지금 이대로 가만히 있어서는 그 어떤 변화도 이룰 수가 없다. 한 걸음씩이라도 앞으로 걸어나가려는 태도가 중요하다. 사랑만 해도 상처 받지 않은 영혼이 어디 있겠는가. 사랑을 두려워하지 말고, 까짓 거 기꺼이 상처받자. 어떤 사랑이든 내게 찾아온 사랑 그 자체를 소중히 여기는 마음이, 사랑이 끝나도 새로운 사랑이 올 거라는 믿음이, 타인에 대한 관대함을 낳고, 그 관대함이야말로 결국에는 '나'를 사랑하고 용서하는 힘의 밑거름이 된다.

우리가 무엇이 되었든 그것을 정면으로 마주하는 태도를 견지할 때 우리는 실패에 굴하지 않고, 또 어설픈 위로나 정신 승리로 자기변명이나 합리화에 빠지지 않는, 주체적 인간이 될 수 있지 않을까 싶다.

지금 있는 자리에서 더 나아지려고 노력하는 태도가 필요하다. 노력에는 고통이 따르겠지만 그 고통을 통해 배울 수 있어야 한다. 쉽게 결론이 나지 않는 문제는 서둘러 결론을 내려고 조바심을 치는 대신 그 문제를 충분히 시간을 갖고 들여다보는 인내심이 필요하다.

직장인이 어느 회사에서 어떤 일을 하더라도 일의 본질은 같다. 최선의 노력을 다해야 하고, 사람들과 조율할 줄 알아야 하고, 규칙을 따라야 하며, 스스로를 통제할 줄 알아야 한다. 다들 벗어나고 싶어 하는 조직생활이지만 나는 그 안에서 성장해 왔으며 지금의 내가 만들어진 요람이다. 현재 조직생활을 하면서 이런 태도를 가진다면 나는 괄목상대할 만큼 부쩍 성장하고 성숙한 인간이 될 것이다.

"오렌지를 쥐어짜면 무엇이 나올까요? 물론 오렌지 주스가 나오겠죠. 하지만 제가 묻고 싶은 건 오렌지를 짰을 때 어째서 오렌지 주스가 나올까 하는 겁니다. 답은 당연히 '그 안에 그게 있으니까' 겠죠. 이때 누가 오렌지를 짜느냐가 문제가 될까요? 어떻게 짜는지, 어떤 도구로 짜는지, 아침에 짜는지 저녁에 짜는지가 문제가 될까요? 그렇지 않습니다. 마찬가지로 뭔가가 우리를 쥐어짤 때, 그러니까 뭔가에 압박을 받을 때 나오는 건 우리 안에 있는 것입니다. 그게 화든, 증오든, 스트레스든 말입니다. 누가 우리를 쥐어짜는지, 언제 쥐어짜는지, 어떻게 쥐어짜는지 때문이 아닙니다. 내 안에 없는 것은 밖으로 나올 수 없습니다."

앞에서 예로 든 다이어 교수의 통찰이다. 이렇듯 모든 것은 태도의 문제다. 내가 뭘 믿을지 스스로 선택한 것이고, 내 안에서 일어나는 일은 모두 나의 선택이다. 그러므로 그 선택들은 모두 내가 감당해야 할 몫이다.

인간관계에서도 역시 나의 태도가 문제가 된다. 여기서 가장 중요한 태도는 신뢰를 사는 것이다. 아무리 사소한 약속이라도 꼭 지키는 것이 중요하다. 만약 피치 못할 사정이 생겨 약속을 지키지 못할 경우가 생기면 솔직하게 말하고 미리 양해를 구해야 한다. 이때 거짓말이나 다른 핑계로 어물쩍 넘어가려 해서는 안 된다. 정직이야말로 신뢰를 얻는 제일조건이다.

또 신뢰를 얻는 데는 거절을 잘하는 것도 중요하다. 가족이나 친척, 친한 친구나 동료라 해도 아닌 것은 분명히 '아니오' 라고 거절할 수 있어야 신뢰를 지킬 수 있다. 그런데 많은 사람들은 그 거절을 잘 못해서 나중에 상대방을 비난하고 원망한다. 그것도 자기 선택인데 남을 원망하는 것은 옳지 못한 태도다.

나이를 먹을 만큼 먹었는데도 여전히 삶은 불안하고 약한 파도나 바람에도 이리저리 흔들린다. 왜 그럴까. 자기 삶을 대하는 태도가 바뀌지 않았기 때문이다. '승진을 하거나 연봉이 오르면 행복해질 거야', '멋진 연인이 생기면 더 행복해질 거야', '사놓은 주식이나 집값이 오르면 행복해질 거야', '나를 괴롭히는 김 과장이 다른 데로 가거나 퇴직당하면 행복해질 거야' 하면서 행복을 외부 조건에서만 찾기 때문에 외부 조건에 따라 일희일비하고 삶이 뿌리 없이 흔들리는 것이다.

이처럼 대부분의 사람들은 행복을 좇아 아등바등 사회적 성공과 경제적 풍요에 목을 맨 채 삶을 소진한다. 그러나 그토록 원하던 조건들을 채워도 여전히 행복하지 못하다. 심지어 허탈하고 불행하기까지 하다. 왜 그럴까?

"지금 여기서 행복하지 않다면 행복은 그 어디에도 존재하지 않는다."

다이어 교수도 한 말이지만 이미 오래 전부터 전해오는 진리다. 불행한 어제, 불안한 내일과 작별하고 오직 지금 여기를 살아가라는 가르침이다. **외부나 타인의 기준에 얽매이지 않고 자신의 가능성을 믿고 오늘을 충실히 사는 인생의 태도만이 자신의 삶을 구원할 수 있다.**

여기서 자신을 향해 진지한 질문을 던져보자.

"나는 스스로에게 만족스러운 사람인가? 아니면 타인에게 만족스러운 사람인가?"

내가 날마다 취하는 선택이 결국 내 삶에 대한 나의 태도가 된다. '누구를 만날 것인가', '어디에 갈 것인가', '무엇을 할 것인가', '누군가에게 이 말을 할 것인가 말 것인가', '누군가의 부탁이나 요구에 응할 것인가 말 것인가' 하는 무수한 결정의 순간에 어떤 선택을 하느냐가 결국 나의 길을 결정한다.

여기서 잠깐! 이거 알아요?

■ 직장인이 되면 SNS를 새로 세팅해야 한다

직장인이 되는 순간 사생활과 직장 생활은 엄연히 구분되어야 한다. 그런데 직장인이 되고서도 전에 하던 그대로 여전히 자유분방한 사람들이 적잖다. 요즘은 자신의 모든 것을 SNS를 통해 표현하고 또 그럼으로써 상당 부분 자기 정체성을 드러낸다. 따라서 직장인이 되자마자 맨 먼저 해야 할 일은 SNS 정리다. 내용도 싹 정리하고 관계 설정도 다시 해야 한다.

취업에 대한 스트레스로 술에 취해 울분에 찬 욕설을 올린 적이 있다면, 음담패설을 일삼았거나 음란물을 저장해 놓았다면, 애인하고 닭살 돋는 모습으로 사진을 올려 놓았다면, 그 밖에 만약 내가 직장 상사라면 봐줄 수 없거나 불쾌감을 줌직한 콘텐츠가 널려 있다면 남김없이 청소해야 한다. (그러지 않을 거면 직장 내 모든 동료와 상사의 '친구 요청'을 냉정하게 거절할 수 있어야 한다.)

1. 정치색, 지방색, 욕설, 막말 같은 것은 싹 지운다

어떤 특정 정당을 지지했거나 비판한 글, 어떤 정치인이나 운동선수 또는 연예인을 비난한 글, 또 그밖에 어디든 막말을 뿌려놓았다면 남김없이 정리해야 한다. 상사가 그런 것을 본다면 그것으로 나를 규정할 테니 나에 대한 인식이 좋을 리 만무하다. 그런 것으로 편견을 가졌다며 상사를 원망할 일이 아니다. 글은 바로 그 사람이다.

2. 연애, 친구 만남, 클럽 방문 같은 사생활을 중계하지 않는다

시시콜콜한 사생활을 실시간으로 중계해 놓으면, 그걸 본 상사는 '연애나 노는 것에만 정신이 팔려 일은 대충대충 하는 직원'으로 인식하기 쉽다. 더욱 꼴불견인 것은 실연당했다고 폭음하거나 질질 짜는 모습을 올리는 것이다. 뭐 자랑이라고.

3. 노는 물을 바꾸고 콘텐츠도 새롭게 채운다

독후감, 산책, 명상, 영화평, 공연이나 전시회 관람 소감, 좋은 시 소개 같은 감성적이고 지적인 콘텐츠로 SNS를 새로 채워나간다. 그러려면 SNS 관계 설정을 다시 해야 한다. 다시 말해 친구도 새로 사귀는 등 아예 노는 물을 바꿔야 한다. 그래서 이걸 본 상사가 '어, 이 친구 보기와는 달리 꽤 괜찮네' 하고 생각할 수 있어야 한다.

04

먼저 행하면
직장 생활이 행복해지는 3가지

불금을 기대하는 오늘, 출근길이 가볍다. 며칠 전 친구 녀석에게 저녁을 사주며 졸라서 성사시킨 소개팅을 하는 날이다.

회사 일이 바쁘다는 핑계를 대고 주말이면 집에서 뒹굴며 시간을 보냈더니 스토리 없는 인생이 몇 달 훌쩍 지나버렸다. 솔로 생활이 해를 넘기면서 익숙해지는 것도 겁나고, 미팅을 해본 지도 오래 되어서 작심하고 부탁한 일이다.

"완전 킹카인데, 친구를 위한 일념으로 정말 어렵게 섭외했다."

친구 녀석의 이런 설레발이 아니라도 어렵게 마련한 미팅이라 그런지 전에 없이 설렜다.

언제나처럼 출근길에 커피가게에서 커피 한 잔을 받아나오는데, 오늘 따라 커피 향이 더욱 향긋하다.

"좋은 아침입니다!"

아침 인사를 여느 때보다 우렁차게 외치며 자리에 앉아 PC를 켜고, 업무 노트를 보며 대략 하루 일정을 체크한다. 오후 늦게 마케팅팀과 리서치 협업이 있는데 미리 전화해서 내일 오전으로 조정하는 게 낫지 싶다.

'음, 5시 정도까지 일을 마무리하고 일찍 나서도 되겠군.'

미팅 생각만 하면 그냥 히죽히죽 웃음이 터져 나온다. 어디, 빛의 속도로 일을 해볼까. 이윽고 점심시간이 되어 간다. 그녀를 만날 시간이 가까울수록 심장박동이 빨라진다. 바로 그때, 임원실에 다녀온 팀장이 곧바로 나를 부르더니 새로운 업무를 지시한다.

"박 주임, 이거 상무님의 긴급 요청 사항인데 내일 오전까지 보고해야 하니까 늦더라도 오늘 마무리해서 퇴근 전에 내 메일로 보내줘."

맙소사! 이번 주 내내 시간이 남아돌 때는 조용하더니 하필 오늘이라니. 대충 봐도 이건 거의 밤샘 작업 수준이다. 어떡하지. 이 대리님한테 부탁해볼까. 아냐, 저 퀭한 눈을 보니 어제도 야근한 거 같은데. 그럼 어쩌지. 저녁 소개팅은? 그렇지, 소개팅을 미루는 수밖에……

"야, 진짜 미안하다. 갑작스런 업무 지시인데, 밤새야 할 상황이다. 며칠만 미루면 안 될까?"

전화기 너머로 친구에게 욕을 한 사발이나 듣고 나서야 그 긴급 업무를 시작한다. 메일을 보내고 나니 밤 2시다. 초췌한 심신을 이끌고 택시를 탄다. 차창 밖으로 흐르는 가로등 불빛을 하염없이 바라보며 곰곰 생각에 잠긴다. 그동안의 직장 생활을 돌아본다. 오전까지도 전혀 예상치 못한 일들이 퇴근을 앞두고 떨어지곤 한다. 당일에 저녁 약속 잡는 것조차 어찌될지 몰라 조바심을 친다. 직장 생활로 인해 내 일상의 시간 관리조차 나의 통제 범위를 벗어나 있다. 월급쟁이는 다 그런 걸까? 내게 문제가 있는 걸까?

"아침에 출근해서 오늘 퇴근 시간을 알 수 있다면, 그래서 저녁 약속을 자신 있게 할 수 있다면 일 다 배운 거다."

언젠가 직장 선배가 해준 말이다. 오늘 같은 일이 터질 때마다 새삼스럽게 와 닿는 명언이다.

"인간은 항상 시간이 모자란다고 불평하면서 마치 시간이 무한정 있는 것처럼 행동한다."

로마의 정치가이자 웅변가인 세네카의 말이다. 정곡을 찌르는 통찰이 아닐 수 없다. 꼭 내가 그랬다. 무슨 다급한 일이 생길 때만 시간이 없다고 투덜대면서 평소에는 시간을 그저 강물 보내듯 무심히 흘려보냈다.

직장 생활에서 스케줄 관리가 중요한데, 예상치 못한 업무가 언제라도 떨어질 것을 고려하여 스케줄을 관리할 필요가 있다. 그러려면 **회사 전체적으로 돌아가는 업무 현황, 자기 팀의 현재 업무 현황과 새롭게 부과될 업무 현황 정도는 수시로 파악하고 있어야 한다.** 그러면 현재 자기가 커버해야 할 업무 범위, 예상되는 새로운 업무 항목의 그림이 나온다. 이런 정보를 바탕으로 일간, 주간, 월간 업무 스케줄을 작성해놓고 시간 관리를 하면 돌발 변수도 많지 않을뿐더러 있다 해도 어렵잖게 대처할 수 있게 된다.

예상하지 못한 긴급 업무는 대개 위로부터 내려오거나 진행하고 있거나 이미 완료한 일에서 뜻하지 않은 사고나 돌발 변수가 생겼을 때 일어난다. 위에서 갑자기 내려온 일이라면 상사는 그 일을 누구에게 맡길까? 내가 상사라면 어떤 직원을 먼저 떠올릴까? 물론 업무 관련성이나 전문성이 높은 직원이 1순위이겠지만, 특정 직원에게 그런 업무가 집중되지는 않는다. 그렇다면 다음 2순위는? 아마도 자기 업무에 여유가 있어 보이는 직원일 것이다.

언젠가 한 사업본부에서 있었던 일이다.

본부장이 본부장실 문을 열고 나온다. 40여 명의 직원들은 다들 '헉' 하며 고개를 숙인다. 그중 한 명이 그만 고개를 숙이지 못하고 본부장과 눈이 마주친다. 어김없이 본부장이 그 직원을 부른다. 새로운 일거리가 떨어진다. 이 본부장은 고개를 숙이고 있으면 일이 바쁘고, 눈이 마주치면 한가하다고 생각하는 건가. 그래서인지 직원들은 본부장실 문소리만 나도 반사적으로 고개를 숙인다.

이런 경우가 아니어도 상사는 대체로 직원들의 업무 성향과 현재의 업무 강도를 이해하고 있거나 이해하고 있다고 스스로 생각한다. 그래서 새로운 일을 시키고자 할 때 본인 생각에 조금 여유 있을 법한 직원을 지목하기 쉽다. 상사에게는 어떤 직원이 여유 있어 보일까? 본인에게 업무 보고를 들어온 지 오래된 직원, 시키지 않으면 일을 만들지 않는 직원이 그 대상일 가능성이 높다.

그래서 제안한다. '시키지 않은 일 3가지'를 만들어서 해보자.

작은 일도 좋다. 조직의 비용 효율화에 도움이 될 복사기 사용법의 개선과 같은 업무 개선도 좋고, 경쟁사의 제품 비교를 위한 적합한 조사방법론의 제시와 같은 영업 아이디어도 좋다. 길지 않은 시간차를 가지고 3가지의 보고서를 작성해서 올려보자. 내가 상사라면 시키지 않았는데 스스로 개선 아이디어나 보고서를 올리는 부하 직원을 어떻게 평가할 것 같은가?

우선, '알아서 일을 하는 직원'이라고 보일 것이며, 무척 대견스러울 것이다. 그러고는 저 친구는 '시키지 않아도 자기 일을 찾아서 하는 직원'이라는 엄청나게 예쁜 꼬리표까지 붙을 것이다. 좋은 평가를 받거나 승진에 도움이 될 것이라는 조금은 남우세스러운 이야기는 그만두고라도, 일단 새로운 일이 생겼을 때 누구를 시킬까라는 질문의 대상에서 배제될 가능성이 너무도 크다. '저 친구는 아마 무언가 새로운 고민을 하고 있을 것'이라는 무의식이 작동될 것이기 때문이다.

이것이 무엇을 의미하는 것일까? 바로 **본인이 예상하지 못하는 일이 일어난 가능성을 현저히 줄일 수 있다는 것이다. 본인의 스케줄 관리가 가능해진다는 것이다.** 좋은 이미지와 같은 조직 내 평가는 덤이라고 치자. 본인이 예상하는 업무 스케줄을 가지고 계속 지시 받지 않은 일들을 해나가는 선순환의 직장 생활이 얼마나 여유롭고 행복할까 말이다.

지금부터 2개월 이내에 마칠 수 있는 '만들어서 해 볼 3가지 일'을 뽑아보자. 2개월 뒤 당신은 '시키지 않아도 알아서 일을 만들어 하는 직원'이 되어 있을 것이다.

05

직장 생활 잘하는
사람들의 6가지 습관

우리는 '말로 살아간다' 해도 과언이 아닐 만큼 말을 많이 한다. 의사소통에는 몸짓도 있고, 음악이나 그림 같은 예술 표현도 있지만 말이나 글, 즉 언어가 기본이 된다. 그 언어로 우리는 대부분의 의사소통을 한다. 언어는 그만큼 중요하다.

그런데 그 언어를 '잘' 구사하는 것이 쉽지가 않다. 말이 많거나 글을 길게 쓴다고 해서 언어를 잘 구사하는 것이 아니다. 우리는 일상에서 늘 많은 말을 하면서 살지만 막상 정색을 하고 누군가에게 자기 생각을 정확하게 전달하거나 남을 설득하려 들면 어려움을 겪게 된다. 말도 그렇지만 글은 더 어렵게 느껴진다. 화술이나 글쓰기 공부 관련 책이나 강의가 시중에 넘쳐나는 것도 다 이유가 있다.

사실 우리는 길게는 유치원에서 대학원까지 무려 20년을 학교에 다니면서 언어 구사에 대한 훈련을 제대로 받아본 적이 없다. 그러니 우리가 매일 쓰고 사는 언어에 서툰 것은 당연할 수도 있다.

특히 직장 생활에서 언어 구사 능력이 중요한 것은 말할 나위 없다. 어쩌면 언어로 시작하여 언어로 끝나는 것이 직장 생활의 일과라고도 할 수 있을 만큼 언어가 차지하는 비중은 절대적이다. **아무리 기발한 아이디어라도 그것을 언어로 조리 있게 표현하지 못하면 채택되기 어렵고, 아무리 좋은 의견이라도 논리적이지 못하거나 초점이 분명하지 못하면 공감을 사기 어렵다.**

직장인이라면 누구나 브리핑이나 프레젠테이션 또는 회의를 마치고 나올 때, 상사에게 불려갔다가 질책을 받고 나올 때, '이렇게 말했어야 했는데……', '내 의도는 그게 아니었는데……' 하고 억울해하거나 후회해본 경험이 있을 것이다. 일머리가 좋아서 일은 곧잘 하는데 언어 구사 능력이 달려서 자주 손해를 보는 직장인이 적지 않다.

그렇다면 직장에서의 언어는 일상에서의 언어와 어떻게 달라야 할까? 직장에서의 언어는 무엇보다 똑 부러져야 한다. 일상에서도 그러면 좋지 않겠느냐고 하겠지만 반드시 그렇지만은 않다.

첫째, 직장에서의 언어는 정확해야 한다.

정확하지 않으면 의사 전달이 제대로 안 되고, 심지어 불분명하거나 잘못된 정보나 의사가 본인을 곤란에 빠뜨리거나 회사에 손해를 끼칠 수도 있다. 그러므로 직장 생활 언어에서 정확성은 생명이다.

둘째, 직장에서의 언어는 단순해야 한다.

사무에 관련된 언어는 사적인 대화나 일기가 아니고 수다스럽지 않아야 한다. 요점만 간명하게 말해야 한다는 얘기다. 서론이 길어지면 말이나 글이 지루해지고 초점을 잃게 된다. 그러면 나중에 아무리 좋은 결론이 나와도 빛을 잃게 된다. 심지어 결론을 말하기도 전에 커트를 당할 수 있다. 더 들으나 마나 하다는 핀잔만 듣기 십상이다.

언어가 간명하고 단순해지려면 결론부터 말하는 것이 좋다. 이어 결론을 뒷받침하는 근거를 간결하게 핵심 요점만 붙인다. 그리고 나머지는 질문을 하도록 공을 상대방에게 공을 넘긴다. 그리하여 상대방이 관심을 갖게 되면 나의 언어는 일단 흥행에 성공한 것이다. 대화나 회의에서 나의 언어가 일단 흥행해야 의도하는 성공을 바랄 수 있다. 단순성은 언어의 가장 중요한 흥행 요소다.

셋째, 직장에서의 언어는 설득력이 있어야 한다.

일상생활에서는 남을 설득할 일이 그다지 많지 않지만 직장 생활은 설득의 연속이라 해도 과언이 아니다. 언어에 설득력이 있으려면 앞에서 말한 정확성, 단순성도 있어야겠지만 자기 아이디어나 논리에 대해 풍부한 자료와 사례가 뒷받침되어야 한다.

넷째, 직장에서 나의 언어를 관철시키려면 인간관계가 좋아야 한다.

직장에서 언어가 앞의 세 가지 요건을 갖춰다 해도 인간관계가 좋지 못하면 선입견 때문에 손해를 보기 쉽다. 아무리 훌륭한 기안이나 의견을 내도 어떤 꼬투리든 잡아서 헐뜯을 것이기 때문이다. 비슷한 기안이라면 인간관계가 좋은 직원의 손을 들어주는 것 역시 인지상정이다. 이런 모든 과정은 나의 성과와 인사에 직접 연관되어 있어서 직장 생활의 성패를 좌우한다.

다섯째, 직장에서의 언어는 동기 부여가 되어야 한다.

일상에서의 사적 대화야 잡담도 하고 실없는 농담도 하게 마련이고 그게 재미일 수도 있지만 직장에서의 언어는 반드시 어떤 목적과 필요를 가져야 한다. 이때 중요한 것이 직장 언어에는 동기 부여가 있어야 한다는 것이다. 막말로 농담 따먹기 하려고 직장에 가지는 않을 게 아닌가.

여섯째, 직장에서의 언어는 비전이 제시되어야 한다.

비전 제시는 직장 언어의 화룡점정이라 할 수 있다. 지속가능한 비전을 제시하지 못하고 그저 근시안적이고 미봉에 불과한 일시적 방편만을 제시하는 의견이나 기안을 내놓는다면 그다지 좋은 평가를 받지 못할 것이다. 또 그런 것은 실제로 자기 성장이나 회사 발전에 별로 기여하지 못한다. 그러므로 어떤 의견이나 기안을 제시할 때는 해당 과제나 프로젝트만 볼 게 아니라 회사 전체의 실정이나 역량, 앞으로의 시장이나 시대 변화까지 고찰하여 반영할 필요가 있다.

너무 멀리 내다보면 비전은 몽상이 되기 쉽겠지만 현실에 안주한 비전은 비전이라 할 수 없다. 비전이란 현실에서 나아가는 가능성을 보여주는 것이기 때문이다. 그러므로 비전을 제시할 때는 현실에서 반 발짝이나 한 발짝만 나가야 현실성을 담보할 수 있다. 그래서 발터 벤야민은 "오직 한 발짝만이 진보이며, 두 발짝이나 여러 발짝은 결코 진보가 아니다"라고 했다. 그 어떤 것도 한 발짝 없이는 불가능하기 때문이라는 것이다.

흔히 말주변이 없다는 사람이 말주변이 좋은 사람을 부러워하는데, 그 말주변은 직장에서의 언어, 즉 일하는 언어하고는 좀 다르다. 스스로 말주변이 없다고 여기는 사람이라도 일하는 언어는 배우면 배우는 대로 늘게 마련이다. 반면에 스스로 말주변이 좋은 것만 믿고 일하는 언어를 따로 배우지 않으면 큰 낭패를 보게 된다. 일상에서 좋다고 여겨지는 말주변이 일하는 언어로 저절로 연결되지는 않기 때문이다. 말주변과 일하는 언어는 서로 다른 영역인 것이다.

그러므로 **일의 언어를 배우지 않아도 되는 사람은 없다.** 제아무리 탁월한 디자인 감각이나 기획 아이디어를 가진 사람이라도 클라이언트와 제대로 커뮤니케이션을 하지 못하면 역량을 발휘할 기회를 가질 수 없다. 직장에서는 많은 경우 전문성이 떨어져서가 아니라 일하는 언어에 서툴러서 비싼 비용을 치른다.

일하는 언어는 우리가 생각하는 것보다 훨씬 중요하고 치명적이다. 동일한 조건에서 같은 주제를 갖고도 화기애애한 분위기를 연출해가며 일을 성사시키는 사람이 있는가 하면, 분위기를 험악하게 만들어 질타와 비난을 받은 끝에 좌절하는 사람도 있다. 이것은 대개 일하는 언어 능력에서 비롯된 차이다.

일하는 언어는 하나로 고정된 프레임이 없다. 대상이나 상황에 따라 다르고 일의 성격에 따라 다 다르다. 프로젝트를 수행하는 과정에서 빠르게 의사전달을 해야 할 때, 다른 문화권에서 온 클라이언트와 협상을 진행할 때, 제품이나 서비스를 홍보할 때, 상사에게 문제점이나 성과를 어필할 때, 리더로서 팀원을 이끌 때, 회사 경영자나 중역을 상대로 프레젠테이션을 할 때의 언어는 다 조금씩 다르다.

일의 언어를 능숙하게 구사하는 것은 평범한 듯 보이면서도 빛나는 재능이다. 처음 익힐 때는 어렵지만 일단 능숙해지고 나면 언제 어느 상황에서든 편리하게 꺼내 쓸 수 있는, 직장 생활의 최대 무기다.

06

문제해결에 문제가 생기면
반드시 대안을 제시한다

참신한 아이디어로 잘나가는 IT 기업을 일군 30대 초반의 김 대표는 프랑스, 브라질 상파울루에 일이 생겨 일주일 후에 출장을 가게 생겼다. 그래서 지난해 입사한 경리부 박 사원에게 항공 티켓을 예약하여 다음날 아침에 결과를 보고할 것을 지시했다.

다음날 아침, 박 사원이 대표실에 들어와서는 어물쩍대며 머리를 긁적인다.

"근데 대표님, 그 날짜 그쪽 항공편이 매진되어 남는 자리가 없다고 합니다."

"그래서요?"

"네에? 그래서라니, 무슨 말씀이에요?"

"내게 할 말이 그게 다인가요?"

"알 만한 여행사는 다 알아봤는데, 휴가 기간이 겹쳐 자리가 없다고 합니다.”

“그 전 날짜는 어때요?”

“대표님이 그 날짜만 말씀하셔서……”

김 대표는 박 사원에게 추가 지시를 해서 내보내고는 한숨을 푹 쉬었다.

박 사원에게는 어떤 문제가 있을까. 회사에서 생기는 일이나 문제를 해결하라고 고용하여 월급을 주는 것이 직원이다. 그런데 박 사원은 생긴 문제만 보고하고는 나 몰라라 하는 태도를 보였다. 문제를 해결할 대안은 전혀 알아볼 생각도 않고, 대표가 알아봐달라는 것만 알아보고는 내 할 일은 다했다는 식이다.

기업 컨설팅 기관에서 기업 관리자들을 상대로 다음과 같이 빈 칸이 있는 문장을 보여주고 거기에 무슨 말을 넣고 싶은지 물어보았다.

“Do not bring me (   ), bring me (   ).”

그랬더니 대부분이 이구동성으로 이런 답을 내놓았다.

“Do not bring me (problem), bring me (solution).”

위아래로 치여 고단한 관리자들은 대안은 없고 문제만 그대로 되가져오는 직원들에게 시달린 나머지 이렇게 이심전심으로 통하는 바가 같아 이처럼 같은 답을 쓴 게 아닐까.

앞에서 예로 든 박 사원이 “그날 항공 티켓 없습니다” 타령만 할 게 아니라 “꼭 그날이어야 한다면 경유하여 6시간 더 걸리는 노선은 가능, 아니면 하루 먼저 가는 티켓 가능, 만약 문제가 없다면 하루 뒤 티켓은 가능……" 하는 대안까지 마련하여 제시했어야 했다. 이런 태도는 특별할 것도 없이 직장 생활의 기본이다.

이런 문제 해결 능력은 창의적인 직장 생활에서 나온다. 아니, 문제해결 과정 자체가 창의적인 발상과 행동이다.

창의적 문제 해결에는 문제 상황 파악, 관련 정보 수집, 자료 분석, 문제 원인에 대한 접근 등 단계별 과정이 따라야 한다. 이런 일련의 단계를 거치지 않으면 문제 해결 논의가 엉뚱한 방향으로 흘러 좋은 해결책을 얻을 수 없다.

창의적 문제 해결 단계를 처음으로 소개한 A. F. 오스본Osborn은 브레인스토밍의 창안자이기도 하다. 그는 창의적 문제해결 단계를 문제 정의사실 규명, 아이디어 찾기, 해결 방안 찾기평가와 적용의 3단계로 구성했다.

S. J. 파네스는 오스본의 이런 개념을 확장시켜 다양한 아이디어를 생각해내고, 의미 있는 해결안이 확인될 때까지 많은 여러 가능성들을 고려하고 선택하는 것에 강조점을 두고 사실 발견, 문제 발견, 아이디어 발견, 해결 방안 발견, 수용성 발견의 5단계를 제시했다.

D. J. 트레핑거 팀은 오스본과 파네스의 문제 해결 모형이 발산적 사고만 강조한 점을 지적하고 수렴적 사고까지 균형 있게 구성된 창의적 문제 해결 6단계를 정립했다.

1단계는 '문제 인식'으로, 자발적 사고의 형태다. 개선에 필요한 것이 무엇인지를 인식하는 것이다. 어느 과정에 어떤 문제가 있는지 알아내는 것이다.

2단계는 '사실 찾기'로, 여기서 우리는 문제 상황에 대한 정확하고도 충분한 정보를 얻어야 한다. 그래야 제대로 된 문제 인식에 이를 수 있고, 그 해결책을 향해 나아갈 수 있다.

3단계는 '문제 찾기'로, 분석과 종합 기능을 모두 사용해야 하는 이 단계는 한 차원 높은 인지 단계다. 여기서 문제를 제대로 찾는다면 그 자체로 문제의 절반이 해결된 셈이다.

4단계는 '아이디어 찾기'로, 기발한 발상이나 다각도의 전략을 통해 다양한 아이디어를 산출한다. 많은 경우 문제 해결 방안은 아주 단순하거나 하찮게 여겼던 데서 나온다. 그러므로 과감한 발상의 전환이 필요한 단계다. 창의성을 가리는 고정관념이나 편견을 버리고 백지 상태에서 문제를 아주 단순하게 바라는 데서 해결의 실마리를 찾기가 쉽다.

5단계는 '해결책 찾기'로, 여기서는 발산적 사고에 더해 수렴적 사고를 요구한다. 다양한 아이디어 가운데 어떤 것이 해결 방안이 될 좋은 아이디어인지 판단하는 능력은 수렴적 사고를 필요로 한다.

6단계는 '수용 여부 판단하기'로, 문제 해결 방안을 실행했을 때 어떤 일이 일어날지 예측하는 것이다. 그래서 상세하고 단계적인 실행 계획을 필요로 한다.

스티브 잡스는 문제해결이 벽에 부딪혔을 때 문제를 '새로운 관점'에서 바라볼 것을 제안한다. 그 새로움 안에는 아무도 걸은 적이 없는 길, 기존에 가진 것을 모두 비우는 일, 리스크를 과감히 떠안을 용기, 운은 자신의 힘으로 만들어낸다는 결과, 핵심을 들여다보는 통찰력, 상식에 매몰되지 않는 유연성, 즉 자기 안에 있는 희미한 예감, 바보 같은 생각, 사소한 영감을 소중히 여기는 정신 같은 것들이 포함된다.

문제는 기존의 것이 잘못된 데서 생기는 것이다. 그러므로 그 해결책을 그 안에서만 찾으려 들면 길을 잃고 헤매게 된다. 해결의 실마리는 기존의 것을 뒤집어 보거나 새로운 발상으로부터 나올 수밖에 없다.

우리는 세상의 사건이나 사물을 있는 그대로 보고 느끼지 않는다. 어떤 프레임, 즉 틀을 통해 바라보고 느낀다. 그런 틀은 흔히 타성을 부추기며 발상의 전환을 억제한다. 그래서 전혀 새로운 틀이 필요하다. 기존의 틀을 버리고 새로운 틀로 바라보고 느끼는 사건이나 사물은 전혀 다르게 다가온다. 그러므로 발상의 전환은 타성에 젖은 다수와 맞서 싸워야 하는 반란 행위가 되기도 한다. 어떤 사물과 사물을 서로 연관 짓는 사고는 발상의 전환으로 가는 결정적인 과정이다. 두 사물 간에 유사한 점이 있다면 별로 어려운 일이 아니지만, 차원이 다르고 전혀 상관없어 보이는 사물들 사이에서 공통점을 찾아 연결하는 일은 어렵다.

"모든 것은 다른 모든 것과 연결되어 있다."

레오나르도 다빈치의 이 말을 믿는다면 어렵더라도 해볼 만한 일이다.

07

업무를 요청할 때는
명확하고 상세하게

앞에서 직장 언어의 중요성에 대해 말했다. 직장에서 흔히 일어나는 일은 업무 협조 요청인데, 그런 것이 다 직장 언어로 이루어진다. 우리 부서가 다른 부서의 업무 협조 요청을 받기도 하지만 우리 부서가 다른 부서에 업무 협조 요청을 하기도 한다. 더 좁게는 내가 동료에게 업무 협조 요청을 하거나 동료로부터 요청을 받기도 한다. 더 넓게는 회사 차원에서 외부 기관이나 단체에 업무 협조 요청을 하거나 외부로부터 요청을 받기도 한다.

동료 개별 간의 협조 요청이야 사정을 서로 잘 아는데다가 업무가 가중되는 측면보다는 상부상조한다는 측면이 강하므로 서로 일정한 선만 지키면 문제될 게 없다. 그리고 외부 기관의 협조 요청은 자주 있는 일도 아니고 대개 분명한 목적에 따른 간단한 사항인데다가 많은 경우 회사에 좋은 일이므로 부담될 것이 없다.

문제는 회사 내의 부서 간 업무 협조 요청이다. 특히 인사팀이나 재무팀 또는 총무팀 같은 총괄부서에서 쏟아내는 업무 협조 요청에 개별 실무팀들은 예민할 수밖에 없다. 그러므로 총괄부서에서 개별 실무팀에 업무 협조 요청을 할 때는 그런 사정을 감안하여 꼭 필요한 사항만 요청서에 담았는지, 개별 실무 팀의 상황이 요청에 즉각 응할 수 있는지 등을 확인하여 서로 얼굴 붉히는 일이 없도록 하고, 이왕이면 웃으면서 요청에 응하도록 배려해야 한다.

그렇다면 어떻게 해야 서로 즐겁게 업무 협조를 할 수 있을까.

첫째, 요청서는 분명하고 상세하게 작성하여 두 번 일하지 않도록 한다.

요청을 받는 입장에서는 요청 그 자체 때문이 아니라 요청 사항을 자꾸 번복하기 때문에 힘들어한다. 그러므로 요청서를 작성할 때는 요청의 주체와 목적과 항목을 분명하게 적시하고 관련 내용을 상세하게 적어야 한다. 그러니까 요청 관련 정보를 가능한 한 충분하게 제공해야 한다는 것이다. 참고할 샘플을 구해서 첨부한다면 금상첨화다.

그렇게 작성된 요청서는 보내기 전에 내부 관련자 모두에게 회람을 시켜 빠졌거나 엉뚱하거나 새로 보탤 사항은 없는지 반드시 확인해야 한다. 그래야 나중에 추가 요청을 해야 하거나 번복하여 다시 요청해야 하는 부담스러운 상황에 놓이지 않게 된다.

둘째, 요청서는 3W1H에 맞춰 일목요연하게 작성한다.

여기서 3W는 WHY왜, WHAT무엇을, WHEN언제까지이고 1H는 HOW어떻게이다. 이렇게 요청사항을 명확하고도 체계적으로 작성해주면 요청을 받는 쪽으로부터 자상하고 매너 있다는 평을 받게 되고, 요청 받는 쪽으로서도 시행착오 없이 요청사항에 신속하고 정확하게 응할 수 있다.

그렇다면 어떤 프로젝트 진행과 관련하여 일선 부서에 보내는 업무 협조 요청서는 구체적으로 어떤 순서로 어떻게 작성해야 할까.

1. WHY: 프로젝트의 취지와 목적은 무엇인가?
2. WHAT: 구체적으로 무엇을 해야 하는가?
3. HOW: 어떤 방향과 방식으로 작성해야 하는가?
4. WHEN: 언제까지 작성해야 하는가?

다음은 위와 같은 양식으로 작성한 요청서 예시로, 저마다 상황과 목적에 맞게 변주하여 사용하면 좋을 것이다.

제목: [공지] 부서별 코로나19 대응 감염 예방수칙 및 업무방식 변화 사례

받는 사람: ○○팀 팀장
참조: ○○ 본부장

안녕하십니까? 총괄기획팀 ○○○입니다.

코로나19 사태 가운데 업무 보시느라 수고가 많으십니다. 직접 뵙고 말씀드려야 마땅하지만 시일이 촉박하여 먼저 메일로 전해드리니, 양해하시기 바랍니다.

다름이 아니라 이번에 부서별로 〈코로나19 대응 감염 예방수칙 및 업무방식 변화 사례〉를 모아 제출하라는 지시가 내려와 긴급히 요청 드립니다. 자세한 내용은 아래와 같습니다.

1. 취지 및 목적 WHY

보건복지부에서 100인 이상 기업들을 대상으로 〈코로나19 대응 감염 예방수칙 및 업무방식 변화 사례〉를 수집하고 있습니다. 그에 따라 우리 회사에도 사례를 모아 보내달라는 요청이 왔습니다. 우수모범 사례는 효과적인 코로나19 대응을 위해 다른 기업이나 사회 전체로 확산시키고, 해당 사례를 낸 기업은 표창한다고 합니다. 우리 회사의 이름을 널리 알리고 코로나19 감염 예방에 기여할 좋은 기회입니다. 그러니 요청에 적극적으로 응해주시기 바랍니다.

2. 요청 사항 WHAT

회사 차원에서 내린 '코로나19 예방수칙'의 부서 내 준수 상황 및 개선할 점, 각 부서에서 독자적으로 덧붙여 실행하는 예방수칙 및 그 반응, 코로나19 사태에 대응한 각 부서의 업무 형태(회의 방식, 자리 배치 등) 및 부서원들의 행동양식(점심식사, 회식, 소모임 등) 변화와 그에 따른 효과, 기타 사항을 작성해주시면 됩니다.

3. 작성 방식 HOW

3쪽 분량으로, 첨부한 공통 양식에 데이터를 업데이트해 주시면 됩니다. 폰트 등은 양식 기준에 맞추면 됩니다. 작성에 참고가 되도록 '작성 예시'를 첨부했습니다.

4. 기한 WHEN

다음 주 수요일(2020년 7월 28일) 오전 10:00시까지 보내주시기 바랍니다. 보건복지부 제출 데드라인이 7월 30일(금요일)이고, 총괄기획팀에서 전체 사례를 정리하는 데 이틀은 걸리므로 부탁드린 기한을 꼭 지켜주시기 바랍니다.

여러 모로 바쁘실 텐데 이런 요청까지 드리게 되어 죄송합니다. 회사와 국가 그리고 자신을 위한 일이니 부디 좋은 선례를 남기시기 바랍니다. 고맙습니다.

[첨부 파일] 요청서 작성 양식, 작성 예시

여기서 잠깐! 이거 알아요?

▪ 좋은 이메일의 5가지 조건

내 직무가 생산직이 아니고 사무직이거나 영업직이라면 일과를 이메일로 시작하여 이메일로 끝낸다고 해도 과언이 아니다. 그만큼 이메일은 중요한 업무이고, 내 직장생활의 많은 것을 좌우한다. 비즈니스에서 대면은 대개 실무자들 간에 이메일을 통한 물밑 작업으로 구체적인 실무 협상이 끝난 이후에 책임자들끼리 이뤄진다. 그래서 이메일에는 세 가지 확실한 장점이 있다.

첫째, 모든 대화가 기록으로 남아 시시비비를 분명하게 보여준다.

둘째, 대면의 번거로움을 덜어주고 시간을 아껴준다.

셋째, 대면 시 얼굴 붉히기 쉬운 일도 차분함을 유지할 수 있게 한다.

잘 쓴 이메일 하나가 죽은 사람도 살려낸다는데, 어떻게 써야 잘 쓴다고 할까?

1. 어떤 경우에도 공손해야 한다.

실제로 원하는 것을 얻어내는 데 최대한 유리한 국면으로 이끌려면, 대면이나 전화 대화도 마찬가지겠지만, 특히 이메일 대화는 흥분해서 거친 말을 쓰거나 불손하게 구는 것은 금물이다. 공손하지 않으면 실제 협상에서는 밑지고 들어가기 마련이고 최악의 경우 될 일도 틀어지게 된다.

2. 단순하고 명료해야 한다.

친절하게 쓴다고 의욕이 넘쳐 미주알고주알 장황하게 써서는 상대방을 짜증나게 하기 쉽다. 업무 메일은 요점만 명료하게 쓰고 군더더기가 없어야 한다. 나도 그렇지만 상대방도 이메일을 하루에도 수십, 아니 수백 통을 처리해야 하는 바쁜 사람이다. 미사여구, 사족 다 빼고 간단한 한 줄 인사 쓰고 나서 바로 본론으로 치고 들어가 담백하게 끝낸다.

3. 목적을 분명하게 적시해야 한다.

많은 목적을 하나의 메일에 담아서는 안 된다. 상대방은 목적이 하나도 없는 것으로 보인다. 그러니 하나의 메일은 분명한 하나의 목적만 쓴다. 그래야 단순명료해진다.

4. 함부로 단정 지어서는 안 된다.

책상머리에 앉아 있는 내가 도무지 이해할 수 없는 일들이 현장에서는 얼마든지 일어날 수 있다. 그러므로 내가 논리적으로 이해할 수 없다고 해서 함부로 단정 짓고 상대방을 윽박지르거나 창피를 줘서는 안 된다. 그러다 큰코다친다. 아무리 황당해 보이는 일을 만나더라도 그 경위를 차근차근 충분히 알아보고 대처해도 늦지 않다.

5. 상대방을 이기려 해서는 된다.

상대방을 설득한다면서 논리적으로 이기려 해서는 안 된다. 그렇게 해서는 설득은 커녕 오히려 반감만 커질 뿐이다. 때로는 져주는 것이 이기는 것이다. 결국 설득은 논리 싸움이 아니라 감정 싸움이 문제가 된다. 상대방을 이기려고 애쓰는 대신 어떻게 하면 상대방이 내게 호감을 갖게 할까 노력하는 것이 설득에서 맨 먼저 할 일이다.

08

은유는
힘이 세다

언어의 최고 묘미는 은유에 있다. 언어의 품격은 은유에서 나오는데, 풍자나 패러독스 또는 유머도 은유에서 터져 나온다. 은유는 언어에서 설득력을 높여주는 최고의 무기이기도 하다. 그렇다면 은유란 뭘까?

직유가 "A는 B와 같다"는 식으로 대상 A를 다른 대상 B에 동등하게 비유하는 것이라면, 은유는 "A는 B다"라는 식으로 A를 B로 대치해버리는 비유법이다. 즉, 표현하고자 하는 원관념tenor과 비유되는 보조관념 vehicle을 동일시하는 것이다. 움베르토 에코는 "은유란 서로 먼 관념들을 연결하고, 닮지 않은 것들에서 닮은꼴을 찾아내는 것"이라고 했다.

가령 "얼굴은 야차 같지만, 마음은 비단 같다"고 하면 직유지만, "얼굴은 야차지만, 마음은 비단이다"라고 하면 은유다. 그래서 은유를 '생략된 직유'라고도 했다.

은유는 '메타포metaphor'라고 하는데, 정보를 빠르게 전달하기 위해 전달하고자 하는 내용이나 개념을 직관적으로 알 수 있도록 하는 기법이다. 사용자의 적절한 연상 작용을 유도하여 극적인 전달력을 발휘하는 것이다.

그러니까 은유는 합리적이고 산문적인 비교를 벗어나 질적인 도약을 통해 두 가지 대상을 동일시하거나 융합하여 그 두 가지의 특성이 다 들어 있는 새로운 것을 만들어낸다. 그래서 은유는 '논리에 앞서는 사고체계'라고 한다.

문학의 가장 짧은 장르인 시는 아주 적은 글자에 의미나 메시지를 담아야 하므로 대부분 은유로 이루어진다. 그에 못지않게 짧은 문장에 강렬한 의미나 메시지를 담아 전달해야 하는 것이 광고 카피다. 가령 "침대는 과학이다" 같은 것이다. 아이들이 학교 시험에서 "다음 중 가구가 아닌 것은?"의 답으로 "침대"를 고르도록 했대서 논란이 일었지만 인상적인 은유다. 또 다른 은유의 사례로는 "여자의 변신은 무죄", "그녀의 자전거가 내 가슴속으로 들어왔다", "한 달에 한 번 여자는 마술에 걸린다" 등을 들 수 있다.

우리가 직장 생활 언어에서 은유를 사용하면 어떤 이점을 갖게 될까?

첫째, 모호하거나 낯선 개념을 구체적이고 익숙한 이미지로 인식된다.

은유는 에코의 설명처럼 두 개의 닮은꼴 찾기인데, **낯선 것을 익숙한 것에 연결하여 '익숙한 것의 이미지'로 즉각 인식되도록 하는 것이다.** 가령 "사랑은 의지의 실천이다"나 "사랑은 마음속에 있는 구멍이다"라는 은유를 보면, 만 가지로 변주되고 해석되는 사랑이라는 막연한 개념을 '의지의 실천'이나 '마음속의 구멍'이라는 구체적인 이미지로 연결시키는 것이다. "인생은 마라톤이다" 같은 것은 친숙한 은유다. '인생'이라는 한마디로 규정할 수 없는 광범위한 개념을 '마라톤'으로 은유하여 "인생은 긴 여정"이라는 메시지를 간명하고도 효과적으로 전달한다.

둘째, 막연하고 추상적인 메시지가 분명해진다.

은유는 낯선 것을 익숙한 것으로, 추상적인 것을 구체적인 것으로, 모호한 것을 분명한 것으로 대체하여 인식시키기 때문에 **설득력이나 호소력을 획기적으로 높여준다.** 은유는 "인생은 마라톤이다"처럼 원관념인생과 보조관념마라톤이 뚜렷이 보이기도 하지만 다음의 은유처럼 원관념이 숨겨져 있기도 한다.

[원문] "갈수록 청년들은 더 불공평한 기회에 노출되어 있다."
[은유] "오늘날 청년들은 더 기울어진 운동장에 서 있다."
　　　원관념인 '불공평한 기회'가 숨겨져 있다.

셋째, 은유는 소비자가 좋아하는 표현이어서 비즈니스에 유리하다.

소비자는 왜 은유를 좋아할까? **은유로 전달되는 메시지는 단순하고 명쾌하기 때문이다.** 그래서 기업들은 새로운 제품이나 서비스를 광고할 때 은유를 사용하여 인구에 회자되는 카피를 생산함으로써 화제가 되게 한다. 먼저 인상적인 광고를 통해 여론을 선점하는 것이다.

가령, 셀 수도 없이 많은 치약 브랜드 가운데 '메디안' 치약은 들어봤어도 '마비스' 치약은 처음 들어보았을 것이다. 이 듣도 보도 못한 '마비스' 치약을 소비자의 뇌리에 대번에 각인시킬 방법은 뭘까? 이 낯선 이름을 친숙한 이미지로 떠올릴 수 있도록 은유를 사용하는 것이다. 그래서 나온 카피가 "치약계의 에르메스, 마비스!"다. 사람들은 '마비스'는 처음 들어도 마비스를 은유한 "치약계의 에르메스!"는 뇌리에 강렬한 인상으로 남는다. 그것도 '에르메스'의 고급스러움, 명품, 희소성과 같은 이미지가 마비스에 그대로 투영되어 마비스는 자연스럽게 명품 치약의 이미지로 소비자의 뇌리에 강렬한 첫인상을 남긴다.

커피에서도 낯선 브랜드의 한계를 은유를 써서 일거에 극복해버린 사례가 있다. 블루보틀 커피다. 이미 쟁쟁한 국내외 커피 브랜드들이 즐비한 가운데 블루보틀은 뒤늦게 들어와 성수동에 1호점을 차렸다. 그런데 1호점이 문을 열자마자 사람들은 블루보틀 커피를 즐기기 위해 1시간씩 기다리는 것도 마다하지 않았다. 한마디로 열풍이었다. 어떤 비결이 있었을까?

블루보틀은 로고, 매장 디자인을 비롯한 전체적인 이미지가 심플하고 산뜻하다. 애플과 비슷한 이미지를 구현한다. 그에 따라 "커피계의 애플"이라는 은유를 사용하여 폭발적인 관심을 끌었다. 애플의 아이폰은 젊은이들 사이에서 인기가 높다. 심플하고 세련된 디자인에 꽂힌 때문이다. 그런 젊은이들의 감성을 "커피계의 애플, 블루보틀!"이라는 은유로 파고들어간 것이다.

블루보틀이 은유로 써먹은 애플은 한 술 더 뜬 은유의 최고수였다. 2002년에 처음 출시된 아이팟은 MP3플레이어로, 2000년대 애플의 가장 성공적이고 혁신적인 상품 중 하나가 되었다. 그런데 2005년에 출시된 아이팟은 심각한 결함을 가진 황당한 제품이다. 디자인을 위해 디스플레이 화면을 없애버린 것이다. 화면 없이 버튼만 있으니, 아이팟에 넣은 1,000곡이 넘는 곡 가운데 원하는 곡을 '찾아 들을' 수가 없게 되었다. 지금 듣고 있는 곡 다음에 무슨 곡이 나올지도 미리 알 수 없게 된 것이다. 자칫 웃음거리가 될 판이었다. 이때 애플은 기발한 은유로써 화를 복으로 바꾸었다. "어차피 인생은 예측불허Life is random"라는 은유를 통해 단점을 오히려 장점으로 내세운 것이다. 아이팟의 이름도 '아이팟 서플'이라고 지었다. 서플shuffle은 "무작위로 섞는다"는 뜻이다. 이런 애플의 자신감과 뻔뻔함에 젊은이들은 열광했다. 이런 게 바로 전화위복이라는 것이다. 은유의 힘이다.

장석주 시인은 《은유의 힘》다산책방, 2017에서 은유를 이렇게 풀었다.

"은유는 시적인 것의 번뜩임, 시적인 것의 불꽃이다. 은유는 빛을 흩뿌리지만 윤리의 맥락에서 포획되지는 않는다. 포획되는 것이 아니라 불꽃처럼 '창조된 것'이다."

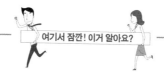

■ 직장 언어, 정확하고 격에 맞게 구사하기

1. 존칭을 잘 알고 바르게 사용한다

신입사원 같으면 다 상사이거나 입사 선배이니 존칭과 경어를 사용하는 것은 당연하다. 그런데 헷갈릴 때가 있다. 부장님이랑 과장님은 다 나보다 윗분인데, 부장님한테 과장님 얘기를 할 때는 어떻게 해야 하나? 존칭이나 경어를 안 쓰는 게 맞다. 반면에 과장님한테 부장님 얘기를 할 때는 존칭과 경어를 써야 맞다. 예를 들어본다.

"강 부장님, 오 과장님이 회식 장소를 횟집으로 잡아놓으셨다는데요." (×)
ㄴ "강 부장님, 오 과장이 회식 장소를 횟집으로 잡아놓았다는데요." (○)

"오 과장님, 강부장이 신상품 결재서류 다시 올리라고 하는데요." (×)
ㄴ "오 과장님, 강부장님이 신상품 결재서류 다시 올리라고 하시는데요." (○)

이처럼 내 이야기를 듣는 주체를 기준으로 삼아 존칭과 경어를 쓸지 말지 결정하면 틀림이 없다.

2. 공식문서 작성에는 존칭이나 경어를 쓰지 않는다

전체에 회람하는 공식문서는 그 작성자의 지위고하에 상관없이 평어만 쓰지 존대어를 쓰지 않는다. 내가 사적으로 말을 거는 것이 아니라 회사의 공식기구 차원에서 고지사항을 전달하는 것이기 때문이다. 예를 들어본다.

"월례회의 참석하실 분은 대표이사님, 총괄상무님, 각 팀장님들이십니다." (×)
ㄴ, "월례회의 참석자는 대표이사, 총괄상무, 각 팀장들입니다." (○)

3. 메신저를 사용할 때는 뭐든 '정식' 으로 한다

'대화명' 부터 밝고 긍정적인 캐릭터를 사용한다. 회사 메신저는 아이디를 내 이름 본명으로 쓰는 것이 좋다. 이름 하나 알리기도 벅찬데, 여러 개를 널어놓으면 나중에는 나도 내가 누군지 모르게 된다. 선택과 집중이 중요하다. 본명으로 통합해서 내 존재를 집중적으로 각인시키는 것이다.

직장에서는 메신저도 업무 연락을 주고받는 문서이므로 내용이 명확하게 전달되어야 한다. 그러므로 요즘 흔히 쓰는 SNS용 속어나 줄임말은 금기다. 메신저도 상대방에게 나의 인격을 보여주는 창이다. 그러니 창은 늘 깨끗하게 닦아서 써야 한다.

09 /

상대방을 바꾸려 하는 대신
같은 편으로 만든다

햇볕과 바람의 우화는 국민의정부 시절 대북정책의 상징인 햇볕정책으로 변주되었다. 적을 친구로 대함으로써 대결과 증오의 옷을 벗겨 평화공존의 새로운 장을 열자는 것이다. 이런 발상의 전환은 단지 정치뿐 아니라 직장 생활에도 변주하여 적용할 수 있다. 하물며 같은 직장 사람들은 적이 아니라 회사 동료다. 그런데 우리는 자기도 모르는 사이에 친구로 지내야 할 사람들을 적으로 만들어 지낸다. 왜 그럴까?

다른 사람들을 나의 기준에 맞춰 바꾸려 들기 때문이다. 사람은 일시적으로 설득당할 수는 있지만 근본적으로 바뀌기는 어렵다. 그도 그렇지만 사람마다 처한 입장이 다르다는 사실에 주목해야 한다. 자기 입장을 관철하고자 다른 입장에 처한 사람을 바꾸려 들고 압박하면 그 사이에 적대감이 생긴다. 그러면 당신을 남의 편, 즉 적으로 간주하게 된다. 이런 일은 조직에서 흔히 일어난다.

다섯 손가락 안에 꼽히는 대형 유통회사 임원인 박 이사는 업무 능력도 뛰어나고 직원들 사이에서 평판도 좋았는데 어느 날 좌천되어 지방의 한직으로 밀려났다. 다들 의아해했다. 나중에 알고 보니, 회사의 입장은 생각지 않고 직원들 편만 들다가 경영진의 눈 밖에 났다는 것이다. 다시 말해, '아웃그룹'으로 취급당하게 된 것이다. 코로나19 사태로 비즈니스 환경이 급변하여 회사 상황이 크게 악화될 조짐을 보이고 있는데도 대책 회의 자리에서 직원들의 이해관계만 앞세워 경영진을 공박하는 과정에서 적대감을 드러내고 만 것이다.

조직에서 상사는 자신의 입장과 기준에 따라 직원들을 내 편이자 유능하다고 여기는 '인그룹in-group'과 내 편도 아니면서 무능하다고 여기는 '아웃그룹out-group'으로 나눈다. 인간은 무의식중에 나와 같은 성향의 집단, 즉 인그룹은 받아들이고 나와 다른 성향의 집단, 즉 아웃그룹은 배척하는 이분법적 구분을 작동시킨다. 일단 상사에게 아웃그룹으로 인식되고 나면, 그 직원이 아무리 높은 성과를 올리더라도 상사는 이를 인정하지 않고 다른 요인으로 돌리고 만다. 상사는 자신의 예상을 벗어나는 현실을 인식하지 못하고 주관적 판단을 합리화하는 근거만 수집하는 편향 시각을 갖고 있어서 아웃그룹에 속하는 직원이 잘못하는 모습만 보게 된다.

이처럼 상사가 직원의 업무 수행 능력을 못미더워하여 업무를 일일이 감독하기 시작하면, 자율성을 빼앗긴 직원의 업무 피로감은 가중되고 업무 능률도 떨어진다. 이렇게 자신감과 능동성을 상실한 직원은 상사가 내리는 지시만 기계적으로 따르는 수동적 근무 태도를 보인다. 심지어는 상사의 불신과 감시에 반발하는 적대적인 태도를 드러내기도 한다.

그러니까 아무리 유능했던 직원이라도 상사에게 무능한 직원, 즉 아웃그룹으로 인식되는 순간 업무 능력이 급격히 저하되게 마련이다. 이것을 '필패 신드롬set-up-to-fail syndrome'이라고 하는데, 프랑스의 경영학자들이 창안하여 세계 각국의 MBA에서 주목받고 있는 개념이다.

필패 신드롬은 자신의 입맛에 맞는 정보만 인식하려는 인간의 확증편향 때문에 생긴다. 즉, 보고 싶은 것만 보고 믿고 싶은 것만 믿는 인지적 편견에서 비롯된다는 것이다.

그런 필패 신드롬과 반대되는 개념이 '피그말리온 효과pygmalion effect'다. 남의 긍정적인 기대에 영향을 받으면 그에 상응하는 결과가 예측한 그대로 실현되는 것을 말한다. 상사는 아웃그룹을 대하는 것과는 반대로 인그룹에게는 업무 자율권을 주고, 업무상 문제가 발생해도 주변 상황을 고려하여 이해하는 등 변함없는 신뢰와 배려를 보낸다. 그러면 평범한 직원이라도 상사의 기대를 충족하는 성과를 거두며 유능한 직원으로 인정받게 된다. 앞에서 말한 '같은 편'에 드는 것이 바로 인그룹에 속하는 것이다. 내가 상사나 동료 모두에게 인그룹으로 인정되는 직원이 된다면, 나는 그만큼 직장 생활을 활기차게 하고 업무수행능력이 뛰어난 직원으로 인정받게 된다.

인간은 대개 인그룹에게는 신뢰와 공감을, 아웃그룹에게는 불신과 경계심을 보인다. 그러므로 **상대방을 설득할 때는 무엇보다 우리는 같은 편, 즉 인그룹이라는 인식을 주는 것이 중요하다.** 상대방에게 일단 아웃그룹으로 분류당하면 무슨 얘기를 해도 소용이 없다. 객관적인 자료나 사실조차 의심의 눈으로 바라본다.

우리는 대부분 많은 경우 설득해야 할 상대방을 다른 편으로 대한다. 심지어는 상대방을 무너뜨려야 할 성벽으로 여기고 적대시하기까지 한다. 같은 편으로 대해도 설득이 어려운데, 이래 가지고는 다된 밥에도 코를 빠뜨릴 수 있다.

대형 할인매장과 백화점을 거느린 오프라인 유통회사는 코로나19 사태로 직격탄을 맞았다. 또 긴급하게 온라인 유통 시스템으로 전환하느라 자금 사정이 악화되자 대대적인 비용 절감에 나섰다. 이때 오 팀장의 영업 2팀은 신상품 출시를 앞두고 준비에 여념이 없는데, 모든 영업 팀의 운영비를 절반으로 삭감한다는 재무팀의 공지가 내려왔다. 그러잖아도 빠듯한 예산에 고전하고 있는데, 말도 안 되는 조치였다. 이때 당신이 오 팀장이라면 어떻게 할 것인가?

오 팀장은 잔뜩 흥분해서 씩씩거리며 재무팀으로 달려가 김 이사에게 다짜고짜 따졌다.

"아니, 이사님! 갑자기 이러시면 우리는 무엇으로 영업합니까?"

"경영진의 지시사항이야. 제반 경비를 절반으로 줄이라는……. 지금 여러 모로 심각한 상황인 거, 오 팀장도 잘 알잖아."

"그래도 영업비를 반이나 깎아버리면 어떡합니까? 다른 쓸데없는 경비를 전액 없애는 한이 있더라도 영업비는 좀 살려주셔야죠. 이사님이 영업을 잘 몰라서 그러시는 것……."

"이봐! 오 팀장. 말이 지나치잖아. 뭐? 내가 영업을 잘 몰라서 그래? 그렇게 영업을 잘 아는 자네는 왜 그렇게 길길이 날뛰어? 잘 알면 영업비 없이도 할 수 있어야지. 이런 원……."

흥분하여 앞뒤 안 가리고 따지러 간 우리 오 팀장. 재무팀 이사의 자존심까지 건들고 말아 문제 해결은 커녕 더 큰 혹을 붙여버렸다. 오 팀장은 자기는 영업 일선에서 헌신하는 회사의 열혈 충신, 반면에 재무팀 김 이사는 영업비 하나 지켜주지 못하는 무능력자로 힐난하고 있다. 오 팀장은 김 이사를 같은 편으로 만들어 그 난국을 타개할 지혜를 모아야 하는데, 정반대로 행동한 것이다. 결과는 당연히 문제만 더 키운 꼴이 되었다.

상대방으로부터 원하는 것을 얻으려면 먼저 상대방과 같은 편이 되어야 한다. 그렇다면 오 팀장은 재무팀으로 달려가기 전에 재무팀과 김 이사의 입장을 충분히 헤아려봤어야 했다. 그랬다면 아마 '같은 편'이 되어 전혀 다른 대화가 오갔을 것이다. 비난하고 원망하는 대신 격려하고 위로하면서 머리를 맞대고 지혜를 짜냈을 것이다.

백짓장도 맞들면 낫다고 하지 않았던가.

10

진심어린
감사와 칭찬에 감동한다

우리는 평소에 감사와 칭찬에 인색하지 않았는지 돌아보아야 한다. 직장 생활에서는 감사와 칭찬이 부르는 영향력이 생각보다 크다. 무슨 거창한 은혜를 입어야만 감사를 표현하고, 무슨 대단한 일을 해야만 칭찬을 하는 것은 누구나 하는 일이어서 특별할 게 없다. 그럴 때는 그걸 받는 사람도 다들 감사한다거나 잘했다고 하니까 그저 그런가보다 한다.

그런데 가만 보면 평소에 사소해보이는 것들에 대해서는 진심으로 감사하거나 칭찬하는 사람이 드물다. 그리고 감사해야 할 일이 반복되다 보면 그것을 당연하게 여겨 감사 인사를 생략하고, 그러니까 감사할 줄 모르고 산다는 것이다. 그러니 **평소에 사소한 것에 진심으로 감사를 표하고, 진심어린 칭찬을 들으면 상대방이 감동하지 않을 수 없다.**

영국의 사상가 존 러스킨은 "경쟁심으로는 어떤 아름다운 것도 만들 수 없고, 자만심으로는 어떤 고결한 것도 만들 수 없다는 사실을 명심하라"고 했다. 우리는 지금 그런 경쟁심과 자만심으로 가득 찬 사회를 살고 있다. 그래서 우리의 삶 역시 지나친 경쟁과 자만심으로 찌들어 있다. 삶 자체가 경쟁의 연속인데다 자기도 모르게 자만심이 일어서 남에게 상처를 주는 것이다. 이것이 다 감사할 줄 몰라서 생기는 일이다.

　감사할 줄 아는 사람은 늘 좋은 것만 기대하며, 그 기대는 결국 신념이 된다. 나아가 **감사하는 태도는 창조적인 생각을 갖도록 하며 경쟁으로 치닫는 것을 막아 주는 방패 역할을 한다.** 감사하는 사람은 대화할 때도 상대를 배려하고 칭찬한다. 반면, 모든 데서 경쟁의 대상을 찾는 사람은 남을 깎아내리려 하고, 그 사람의 덕보다는 흠을 찾아내는 데 집중한다.

　1998년, 미국 듀크 대학 병원의 의사들은 연구실험 결과 매일 감사하며 사는 사람들은 그렇지 않은 사람보다 평균 7년을 더 오래 산다는 사실을 밝혀냈다. 연구팀의 존 헨리 박사는 "감사는 최고의 항암제요, 해독제요, 방부제"라고 했다. 어떤 보약보다 더 탁월한 항암 효능을 가진 것이 감사다. 우리가 기뻐하며 감사하면 우리 신체의 면역 체계가 강화된다. 1분간 기뻐하여 웃고 감사하면 우리 신체에 24시간의 면역체가 생기고, 1분간 화를 내면 6시간 동안의 면역체계가 파괴된다.

　어느 날, 셰익스피어가 점심식사를 하기 위해 한 식당에 들어갔다. 그때 안에서 음식을 나르던 소년이 셰익스피어를 보면서 계속 싱글벙글 웃었다.

　"너는 무엇이 그리 좋아서 싱글벙글하는 게냐?"

"이 식당에서 음식을 나르게 된 것이 감사해서 그렇습니다."

"아니, 음식 나르는 일이 뭐가 그렇게 감사하다는 거냐?"

"음식을 나르는 덕분에 선생님 같은 귀한 분을 대접할 수 있게 되었지요. 이런 날이 오기를 오래 기다렸습니다."

세상에는 세 종류의 사람이 있다고 한다. **첫째는 기쁜 일이 있어도 감사할 줄 모르는 사람, 둘째는 기쁜 일 있을 때만 감사하는 사람, 셋째는 역경 중에서도 여전히 감사하는 사람이다. 당신은 어떤 사람인가?**

이제 늘 감사하는 사람, 역경 중에서도 여전히 감사하는 사람이 되기 위해 감사와 칭찬하는 방법을 알아보자. 어떻게 해야 감사와 칭찬을 잘할 수 있을까?

첫째, 가장 좋은 감사와 칭찬은 타이밍이다.

만약 당신이 2019년 7월에 결혼을 했는데 누군가 1년이 지난 2020년 7월에 새삼스럽게 결혼 축하 인사를 건넨다면 기분이 어떻겠는가. 축하와 마찬가지로 감사와 칭찬도 타이밍이 중요하다. 가장 좋은 타이밍은, 미루거나 까먹지 않고 그때그때 바로 하는 것이다. 상사가 무슨 일로 점심을 사주었는데, 그 감사 인사를 다음날 출근해서야 한다면 오버하거나 아부하는 것으로 보일 수도 있다. 그러니 감사는 평소에 자연스럽게 하도록 습관을 들여야 한다.

둘째, 감사와 칭찬은 원래 평범한 일에 하는 것이다.

우리가 감사하고 칭찬하는 일에 어색해하거나 인색하게 되는 것은 특별한 일, 특별한 날에만 해야 한다는 고정관념 때문이다. 그래서 우리는 감사고 축하고 칭찬이고 연말연시에 1년치를 몰아서 하는 기괴한 관습이 생겼다. 그건 의례적인 인사치레지 감사도 축하도 칭찬도 아무것도 아니다. 저녁에 내가 좋아하는 생선조림을 해주신 어머니에게 감사하고, 어디 문상 갔다가 귀가할 때 같은 방향이라고 태워준 선배에게 감사하고, 마감에 걸려 함께 야근한 부하직원들에게 감사하고, 회식 장소를 예약해준 후배에게 감사하고, 빌려간 돈을 내가 필요할 때 돌려준 친구에게 감사해야 한다.

작가 박완서는 〈일상의 기적〉에서 왜 당연해 보이는 평범한 것들에 감사해야 하는지 감동적으로 보여준다.

덜컥 탈이 났다. 유쾌하게 저녁식사를 마치고 귀가했는데 갑자기 허리가 뻐근했다. 자고 일어나면 낫겠거니 대수롭지 않게 여겼는데 웬걸, 아침에는 침대에서 일어나기조차 힘들었다. 그러자 하룻밤 사이에 사소한 일들이 굉장한 일로 바뀌어버렸다. 세면대에서 허리를 굽혀 세수하기, 바닥에 떨어진 물건을 줍거나 양말을 신는 일, 기침을 하는 일, 앉았다가 일어나는 일이 내게는 더 이상 쉬운 일이 아니었다. 별수 없이 병원에 다녀와서 하루를 빈둥거리며 보냈다. 비로소 몸의 소리가 들려왔다. 실은 그동안 목도 걸리고 손목도 아프고 어깨도 힘들었노라, 눈도 피곤했노라, 몸 구석구석에서 불평을 해댔다. 언제까지나 내 마음대로 될 줄 알았던 나의 몸이 이렇게 기습적으로 반란을 일으킬 줄은 예상조차 못했던 터라 어쩔 줄 몰라 쩔쩔맸다.

이때 중국 속담이 떠올랐다.

"기적은 하늘을 날거나 바다 위를 걷는 것이 아니라 땅에서 걸어 다니는 것이다."

예전에 싱겁게 웃어 넘겼던 그 말이 다시 생각난 건 반듯하고 짱짱하게 걷는 게 결코 쉬운 일이 아님을 실감하게 되었기 때문이다.

셋째, 감사와 칭찬은 구체적으로 해야 한다.

감사나 칭찬을 한답시고 추상적으로 거창하게 하게 되면 감동은 커녕 가식으로 보이기 십상이다. 앞에서 상사가 무슨 일로 점심 사준 얘기를 했는데, 누군가에게 무슨 일로 밥을 사려면 아무 식당이나 가지는 않을 것이다. 직접 가보았거나 추천을 받은 식당 중에서 특별하다고 생각되는 식당으로 데려갈 것이다. 그러면 점심을 먹고 나서 "야~ 부장님, 굉장한데요. 임금님 수랏상 받은 것 같아요" 하는 식의 두루뭉술하고 요란스런 치사를 하게 마련인데, 이래서는 감사하는 마음이 조금도 전달되지 않는다. 이럴 때는 "부장님, 오늘 청국장은 어머니가 해주시던 맛이어서 참 맛있게 먹었습니다. 고맙습니다" 하고 구체적으로 감사해야 인사를 받는 사람의 마음에 가서 닿는다. 이러면 부장님은 "오~ 그렇지. 어머니 맛이지. 이 과장이 맛을 알아주네" 하며, 흐뭇하게 맞장구를 칠 것이다.

넷째, 감사와 칭찬은 진심을 담아 해야 한다.

의례적인 감사나 칭찬은 드러나게 마련이고, 아무런 감흥도 주지 못한다. 단톡방에 그 멤버 중 누가 부친상이나 모친상을 당하여 부고가 뜨면 그 아래 "삼가 고인의 명복을 빕니다"라는 똑같은 댓글이 수십, 수백 개씩 주르르 달린다. 이런 영혼 없는 댓글놀이가 무슨 위안이 되고 명복이 빌어지겠는가. 감사와 칭찬도 마찬가지다. 이런 식으로 해서는 마음이 없는 것인데 마음이 전해질 리 없다.

장례식을 마치고 일상으로 복귀한 상주가 단톡방에 올리는 감사 인사도 대개 천편일률적이어서 아무런 감흥이 없다. 이런 식이다.

"일일이 찾아뵙고 인사를 드려야 하지만 우선 여기서 이렇게 감사의 말씀을 올리니 너그럽게 헤아려 주시기 바랍니다."

진심이 느껴지지 않고 의례적이라는 생각만 든다. 만약 이런 감사 인사를 전한다면 어떨까.

"친구들, 코로나19 사태에도 그렇게 많이들 와줘서 고맙고 미안하네. ○○는 편찮은 어머니 모시느라 경황이 없었을 텐데. 어머니 건강은 좀 어떤가? 그리고 ○○는 다음 날 새벽에 해외출장 떠난다면서 어찌 그리 시간을 짜냈어 그래……."

제2장

직장 생활, 화끈하게 맛보기

기성세대가 신세대더러 덮어놓고 "버릇없다"고 야단칠 일은 아니지만, 신세대도 "버릇없다"는 야단을 맞으면 "꼰대짓"이라며 덮어놓고 대들 일이 아니라 왜 그렇게 말하는지 진지하게 생각해보고 고칠 건 고쳐야 한다. 아무리 세월이 흘러도 옳은 건 옳은 거고, 버릇없는 건 버릇없는 것이다.

01/

신입사원이
행거치프을 하고 나타났다

2000년대 후반의 어느 신선한 날이었다.

2000년대로 들어서면서 여러 모양으로 불어오던 '밀레니엄 바람'이 직장 내 옷차림에도 밀려왔다. 화이트컬러의 상징 같던 넥타이를 밀어내면서, 노타이의 싱글 정장 차림이 확산되던 어느 출근길, 엘리베이터 앞이었다. 싱글 정장, 와이셔츠, 검정 구두로 비슷해지다보니 넥타이 없는 복장 스타일은 단체복 느낌을 물씬 풍겼다. 남성 직장인들의 옷차림이 단체복 풍으로 통일되던 시기였다.

로비 통로에서 20여 명의 직원들이 엘리베이터를 기다리는데, 못 보던 얼굴의 젊은 친구가 모두의 눈길을 끌었다. 노타이 정장 차림인데 빨강색 행거치프를 하고 있었다. 다들 색다르다는 시선을 보내면서도 '어느 광고업체의 젊은 직원이 아침 일찍 우리 회사를 방문하러 왔나 보다' 정도로 여기는 듯했다. 영화에서나 보았을 법한 행거치프 차림, 그것만으로도 충분히 튀는데 빨강색은 보는 이들의 눈길을 확 끌었다. 문제는 그 다음날, 또 다음 다음날에 이어 며칠 내내 매번 다른 색의 행거치프를 한 그 젊은 친구가 모습을 보이자 직원들은 이내 쑥덕거리기 시작했다

"마케팅팀의 신입 사원이래."

어느 날 회사 대표가 점심 식사를 마치고 엘리베이터를 기다리고 있었다. 마침 그 행거치프 사원이 근처에 서 있었고, 대표의 눈길이 사원에게, 정확하게는 사원의 행거치프에 가 있음을 눈치 챈 동행 임원이 대표에게 속삭이듯 전했다.

"마케팅팀의 신입사원이랍니다."

그렇다. 그 신입사원은 내가 맡고 있던 마케팅팀의 일원이었고, 나는 이후로 사내의 많은 임원들이나 동료, 후배들에게 비슷한 질문을 받곤 했다.

"그 행거치프 신입사원 어때요?"

독특한 만큼 성격이나 업무 스타일도 좀 별나지 않을까 하는 호기심들이 짙게 깔려 있었다.

행거치프handkerchief는 머리를 덮는 헝겊kerchief을 뜻하는 '반다나 bandana'가 손을 닦는 데 이용되면서 hand kerchief라고 부르는 데서 유래한다. 이후 hanger chip로 부르기도 했는데, 간편하게 휴대하는 수건과 같이 실용적인 용도로 시작되었다가 이제는 슈트의 분위기를 좌우하는, 남성 의상의 액세서리로 각광받고 있다.

한 달여쯤 지난 어느 날, 그 신입사원과 점심을 먹다가 행거치프에 관

한 사연을 듣게 되었다. 우리의 행거치프 신입사원은 출근 며칠 전부터 옷차림에 대한 생각이 많았다. 자신만의 독특함을 나타내고 싶은데 노타이 차림의 복장이 너무 밋밋해 보여 고민되었다. '넥타이가 있었다면 포인트를 줄 수도 있는데' 하는 생각 끝에 행거치프를 떠올리게 되었고, 개당 2,000원짜리 행거치프 여러 장을 사서 매일 바꿔 착용했더니, 많은 사람들이 자기를 주목해서 매우 만족스러웠다.

어쩌면 이런 생각을! 나는 이런 생각을 할 수 있을까? 생각을 한들 실행할 수 있을까? 자문해 보지만 쉽지 않은 일이다.

신입사원 시절, 대부분 단정한 옷차림과 헤어스타일, 튀지 않는 복장과 태도 등에 신경 쓸 때, 어떻게 하면 눈에 띨 수 있을까를 생각하고, 굿 아이템을 찾아서 그것도 매일 다르게 행거치프를 꽂은 그의 왼쪽 가슴은, 정말이지 살아 벌떡이는 크리에이티브의 박동이 넘치고 있었다. 영화 〈매트릭스〉에서 모피어스가 **"길을 아는 것과 그 길을 걷는 것은 분명히 다르다"**고 말한 것처럼 많은 사람들은 길을 알면서도 용기를 내지 못한 것이고 그 신입사원은 아는 대로 그냥 해버린 것이다.

행거치프 사원은 한 달도 안 되어서 본사에 근무하는 1,000여 명의 임직원들이 모두 인지하는 신입사원이 되었고, 1년 후에는 그룹 전체 4,000명의 신입사원 대표가 되었으며, 몇 년 후 세 아이의 아빠 역할을 위해 육아 휴직 1년을 보낸 뒤, 지금도 번득이는 아이디어로 생동감 넘치는 회사생활을 10년 넘게 잘 지내고 있다.

02

점심
뭐 먹을까

    사업부장이 사업부 신입사원들과 점심을 함께하겠다고 2주 전에 미리 예고되어 나서는 점심시간. 엘리베이터를 타고 내려가 나서는데 사업부 장이 하필 내게 묻는다.

"점심 뭐 먹을까?"

"……."

"오랜만인데 맛있는 거 사줄게. 뭐 좋아하지?"

"저는 다 잘 먹습니다. 아무데나 좋습니다."

"그래도 먹고 싶은 거 하나 이야기해봐."

    순간 아무 생각도 나지 않는다. 사준다고 하니 고맙기는 한데 왜 이렇게 어려운 걸 내게 묻는 거지. 그냥 자기 먹고 싶은 데 가든지, 비서를 시켜서 미리 예약을 하든지 하지, 왜 점심 먹으러 나서면서야 내게 묻는 걸까.

    지난달에도 본부장이 점심 사준다고 나서면서 "뭐 먹고 싶은가" 묻기에 아무 생각 없이 진짜 먹고 싶어서 호기롭게 "등심 먹고 싶다"고 했다가 동행한 선배한테 혼난 기억이 있다. 윗사람이 사는 점심 먹으러 나가는 데 눈치 없이 비싼 걸 시킨다고. 부서에서 함께 점심을 먹으러 나가는 길에도 그랬다. 신입사원이 메뉴를 골라보라고 해서 칼국수를 말했더니 "무슨 면을 먹어. 밥 먹어야지" 하고, 소문난 김치찌개 집을 추천했더니 "거기는 대기 줄이 너무 길어서 안 돼" 하고, 순댓국을 말하면 "오후에 업체 미팅이 있는데 옷에 냄새 배니 안 된다"고 한다. 어쩌란 말인가. 점심 메뉴 고르는 게 너무 어렵다. 어차피 이러다가 제일 높은 사람이 "ㅇㅇ 어때"라고 한마디 하면 다들 좋다고, 거기가 제일 맛있겠다고 야단법석을 피운다. 어차피 '답정녀' 인 걸 가지고 왜 피곤하게 물어보는 건지 모르겠다. 정말 메뉴 선택은 어떻게 해야 하는 걸까.

거래처에 약속이 있어서 들른다. 간단히 인사를 나누고 함께 점심식사를 하러 나서는데 거래처 직원이 묻는다.

"뭐 드시고 싶으세요?"

"근처 식당을 제가 잘 모르니 아시는 편한 곳으로 가시지요."

정말 황당하다. 한식, 중식, 일식 가운데 어떤 쪽이 편한지 묻는 것도 아니고 직접적으로 메뉴를 묻는다. 내가 여기서 근무하는 게 아니어서 근처에 어떤 식당이 유명한지, 무슨 맛 집이 있는지 어떻게 알겠는가. 거래처와 함께 식사하는 것이 맛있는 식도락의 취미를 나누는 게 아니고, 식사 자리를 통해 좀 더 친밀도를 높여 보고자 하는 목적이고 보면, 어디서 무엇을 먹든 무슨 상관이 있겠는가 말이다.

메뉴 선택의 질문에 어떻게 대처해야 할까. 직장에서 정말 흔하게 대하는 풍경이다. 먼저 이해하고 갈 부분이 있다. '뭐 먹고 싶으냐'고 묻는 사람의 속내는 두 가지다. 정작 본인이 먹고 싶은 메뉴는 있는데 먼저 말을 하지 않는 경우와, 정말 아무 생각 없이 질문하는 경우가 다르다. 또는 본인은 먹고 싶은 게 있는데 선뜻 말하기 뭐해서 일단 형식적으로 '뭐 먹고 싶으냐'고 묻는 경우와 진심으로 상대방을 배려하는 마음에서 상대방이 원하는 메뉴를 함께 하고 싶어 묻는 경우가 있다.

가장 좋은 대처법은 상대방을 난처하게 만들지 않는 것이다. 편한 상대라면 얼마든지 서로 자유롭게 이야기해서 메뉴를 정할 수 있지만, 어려운 상대라면 상대방이 편하도록 "비빔밥, 생선조림, 쌈밥정식, 김치찌개, 추어탕 중 뭐가 좋을까요?" 하는 식으로 몇 가지 다양한 메뉴 중에서 고를 수 있도록 구체적으로 제시하면 무난하지 않을까 싶다. 비슷한 메뉴를 늘어놓기 보다는 상대방이 취향대로 고를 수 있도록 아주 다른 다양한 메뉴를 제시하면서 물어보는 것이 상대방에 대한 기본 배려일 것이다. 그런데 이렇게 구체적으로 배려하지 않고 '다짜고짜 뭐 먹고 싶으냐'고 물어보면 상대방이 "뭐 좋아하세요?" 하고 반문해 올 수도 있다. 이때 센스가 있는 사람이라면 '이제부터 메뉴는 당신이 알아서 선택하라'는 뜻으로 알아듣고 메뉴를 제안하겠지만, 꽉 막힌 사람이라면 "나는 아무래도 좋으니 그쪽이 먹고 싶은걸 먹자"며 또 공을 넘기고 만다. 아, 답답하다. 식사 메뉴 선택을 물어보는 나는 어떤 유형인가? 내가 익숙한 곳에서는 미리 메뉴별로 맛있는 식당과 조용한 분위기의 식당을 정리해둔다.

상대방이 전날 과음하여 숙취가 아직 남아 있어 보이면 속을 시원하게 풀 수 있는 탕 종류의 메뉴를 제안하고, 일반적인 경우라면 서너 가지 정도의 메뉴를 제시하여 선택하도록 한다. 그러면 상대방은 배려를 받고 있다는 느낌이 들 것이다.

잘 모르는 곳을 식사시간에 방문해야 한다면 약속 시간 전에 여유 있게 도착해 주변을 둘러보고 괜찮아 보이는 식당 몇 곳을 물색해둔다. 상대방이 깔끔하게 메뉴 제안을 해오지 않고, 앞에서와 같이 '뭐 먹고 싶으냐'고 물어보면 미리 보아둔 식당들을 제시하며 상대방이 선택할 수 있도록 의사를 타진한다. 그러면 준비성 있는 내게 뜻하지 않는 호감을 가질 수 있다. 내 휴대폰에는 내가 일하는 지역을 비롯하여 전국의 맛집 정보가 얼마나 저장되어 있을까? 다른 사람의 추천을 받았거나 대화 가운데 들은 맛 집, 방송이나 신문 잡지 등에 소개되는 독특한 맛 집이 있으면 휴대폰에 저장해둔다. 메뉴 유형과 주소, 특이사항과 함께 저장된 정보는 긴요하게 활용될 수 있다. 스몰토크의 좋은 대화 소재가 되기도 하고, 실제 비즈니스나 가족과의 식사 약속에 이용되기도 하고, 무엇보다 '준비성 좋은 사원'이라는 내 이미지 제고에 큰 도움이 될 것이다.

적어도 나는 "뭐 먹을까요?" 하는 당황스런 질문을 던지는 사람이 되지 않아야 하겠고, 식사 약속이 있을 경우에는 사전에 몇 가지 식당과 메뉴를 준비하는 노력을 해야 하겠다. 평상시 맛집 정보의 데이터 키핑을 통해 식도락의 풍류와 준비성 높은 쌈박한 직장인이 되어보면 어떨까.

03

신입사원에게
퇴직을 권하다

"지훈 씨, 회사 그만두지 않을래요?"

회의실에는 입사 5개 월차인 우리 부서 신입사원 이지훈 씨가 마주앉아 있다. 연수기간을 지나서 부서에 배치된 지 3개월 정도 되었는데, 여느 신입사원보다 성격이 차분한 데다 스마트하기 이를 데 없다. 명문대 경영학과 출신에 훤칠한 용모에 만능 스포츠맨이다. 집안도 유복한 편이어서 남부러울 게 없는 청년이다.

그저 차 한 잔 하자고 불러서 가벼운 대화를 예상했을 텐데, 불쑥 던진 한마디가 당혹스러웠을 것이다.

"왜요? 갑자기 그런 말씀을……."

뭔가 내 말투가 장난스럽지 않다고 여긴 듯 어떤 의미인지 조심스레 묻는다.

그로부터 10년이 흘렀다.

"팀장님, 저 결혼합니다. 꼭 와 주실 거죠?"

수화기 너머로 들리는 이지훈 씨의 목소리가 들떠 있다.

"거의 10년 만이구나. 잘 지냈어?"

간간이 메일로 소식은 들었지만 목소리는 참 오랜만이다. 이런저런 근황을 묻고 혼자서 회의실에 들어가 커피를 마시며 10년 전 그 날을 떠올려 본다. 이지훈 씨는 입사 2년이 되는 어느 날, 회사를 그만두었다. 통계학과 대학원에 진학한 후 미국으로 유학하여 박사를 마치고, 텍사스 주립대학교 교수가 되었다. 우리는 스테이지로 연결된 세상을 살고 있다. 초·중·고의 대입 준비, 대학 시절의 취업 준비로 몇 번의 인생 무대를 넘긴다.

"귀하의 입사를 진심으로 축하합니다."

이렇게 쓰인 대표이사 명의의 입사 축하 전문과 축하 케이크가 집으로 배달될 때, 이제 진짜 인생 즐길 준비를 한다. 하지만 앞으로 전개될 사회생활은 지금까지와는 조금 다른 실전 무대다. 모든 무대에는 선택의 순간이 있다.

"지훈 씨, 이 회사 오래 다니고 싶은가요?"

"네. 그럴 생각입니다만."

"그럼 15년이나 20년이 지나고 나면 지훈 씨는 이 회사에서 어디쯤 있을 거 같아요?"

"……."

"아마 빠르면 내 자리쯤 와 있지 않을까. 지금부터 15~20년 뒤의 지훈 씨 모습이 보이는 거지요. 어쩌면 대기업 생활은 정해진 길을 넘어지지 않으려 조심하며 걷는 길이지 싶어요. 지금 내게 다시 기회가 주어진다면 다른 길을 가고 싶다는 아쉬움이 있어서 지훈 씨에게 조심스럽게 이야기해보는 거예요. **우리에게는 두 갈래의 가지 않은 길과 선택하는 하나의 길이 놓이잖아요.**"

"무슨 뜻인지요?"

"15년이나 20년 뒤에 팀장 자리에 있을 것으로 예상되는 뻔한 길보다 미지수이기는 하지만 그 이상이 될 수 있는 길을 도전해보는 것이 낫지 않을까 해서. 예를 들어 2, 3년 직장 경험을 쌓은 후 MBA를 다녀오면 또 어떤 미지의 길을 가고 있을 것이고, 15년 뒤에는 팀장 이상의 자리에 있지 않겠어요. 물론 더 힘들지도 모르겠지만, 젊으니까 청춘이니까 멋진 도전이지 않을까 생각해서요."

그렇게 이지훈 씨는 1년 반을 더 다닌 후 회사를 그만두었다.

그렇다. **직장은 단순히 월급을 받기 위한 생계수단 이상의 무대다.** 직장은 인생의 황금기인 20대 후반에서 40대까지를 몽땅 투자하기 때문에 인생의 메인 무대일 것이다. 직업을 선택하는 데 장차 하고 싶은 일과 지금 당장 할 수 있는 일 사이의 간극은 크다. **더 나은 내일을 위한 도전, 더 보람 있는 삶을 위한 끊임없는 선택이 필요한 시기다.**

꼭 직장을 그만두는 일이 아니어도 직장 생활을 하는 내내 선택이 요구된다. 그런 선택의 순간, 즉 선택을 필요로 하는 순간은 나도 모르게 슬그머니 왔다가 사라진다. 지나고 나서야 바로 그때가 선택의 순간이었음을 깨닫고는 탄식하게 마련이다. 선택의 순간에 놓였을 때 많은 직장인은 쉬운 길, 편한 길을 선택한다. 그러면 거기서 한 발짝도 더 나아갈 수가 없게 된다.

- 회사의 위기 극복을 위해 긴급 프로젝트 TF 팀이 구성되는데, 지원자를 모집한다. 엄청나게 힘들 거라고들 수군댄다. 나는 지원할 것인가?
- 몇 년째 실패하고 있는 남미시장 개척 팀에 보완 인력을 선발한다. 성공한다면 특진도 할 수 있겠지만 현재는 모두의 기피 지역이다. 나의 선택은?
- 이번에 부서 간 인력 재배치가 실시된다고 한다. 다양한 회사 내 거의 모든 부서가 대상이다. 나의 희망 부서 선택 기준은?

모든 선택에는 이유가 있다. 직장 생활에서 "아, 그때 좋은 선택을 했다"고 말할 수 있는 것은 지금의 결과가 나름 만족스러운 까닭이다. 하지만 선택의 순간에는 결과를 알 수 없으니 답답한 노릇이다.

그래서 **당시의 선택이 좋은 선택으로 남을 수 있는 방법은 자기만의 선택 기준을 갖는 것이다.** 나는 직장 생활에서 선택의 순간이 올 때 무엇을 기준으로 할 것이지를 미리 고민하고 작정해둔다. 직장에서의 성장, 가치 있는 인생, 여유로운 삶, 금전적 혜택 등이 선택의 척도로 작용될 것이다. 누구도 그 선택에 대해 옳고 그름을 말할 수 없다. 자신의 인생에 대한 선택일 뿐이다.

나는 선택의 순간에 설 때 무엇을 기준으로 선택지를 고를까?

04 /

흰색 와이셔츠를
벗어버린 날

신입사원 시절, 직장에는 매우 엄격하게 지켜지던 복장 규정이 있었다. 진남색 싱글 정장에 흰색 와이셔츠를 입어야만 했다. 마침 민주화의 물결과 함께 사회 전반에 자율화 분위기가 넘치던 시기였다. 남성 의상에도 다양한 디자인과 색상이 시도되면서 일부 직장인들 사이에서 스트라이프 무늬가 들어가거나 색상이 있는 와이셔츠가 퍼지고 있었다.

어느 날 파란색 스트라이프 무늬가 프린트된 와이셔츠를 입고 출근했는데, 한마디로 난리가 났다. '어디 그런 와이셔츠를 입느냐', '주말에나 사복으로 입어라' 등 여러 말들이 있었지만 그래도 공식적으로 질타를 받지는 않았다.

그렇게 사흘쯤 지난 날로 기억된다. 이사님 한 분이 색상 와이셔츠를 입고 오셨고, 그날부터 직장에서 흰색 와이셔츠 규정은 사라졌다. 엄밀하게는 규정이 사라졌다기보다 그 규정이 사람들 사이에서 잊힌 것이다.

명문화되어 있던 복장 규정 탓에 아무도 시도해보려 하지 않던 '흰색 와이셔츠 전통' 은 신입사원의 반란과 이사님의 암묵적 지지로 순식간에 뒤집어졌고, 작은 고정관념 하나가 사람들의 인식에서 사라졌다.

직장 생활에는 많은 고정관념이 있었다. 개인보다 조직이 우선시되었고, 상명하복의 조직 문화가 있었고, 남녀의 불평등 업무 관행이 있었고, 평생 직장의 가치 철학이 있었고, 기성세대를 구성하는 직장인들 속으로 신입사원들은 계속 흡수 편입되고 있었다. 굳이 고정관념의 존재에 현재완료형을 쓴 까닭은 이런 관행이 사라졌기 때문이 아니라 빠른 속도로 약화되고 있기 때문이다.

직장에 입사를 하기 전, 대부분은 직장 생활에 대한 깊은 이해를 가지고 있지 않다. 오히려 취업만 되면 무엇이든지 할 수 있을 거라고 생각하기에 입사 자체가 목적일 뿐, 이후의 직장 생활이 대수롭지 않게 보였다. 그러나 막상 입사를 하고 나면 다르다. 불합리한 것이 수두룩해 보이고, 불평등한 일이 느껴지기 시작한다. 이러한 비합리적인 일들에 대한 경험이 많을수록, 이해가 깊을수록 직장 생활에 대한 심각한 고민에 봉착한다.

고정관념이란 한 집단의 구성원들은 이런 저런 공통된 특징이 있다고 믿으면서 그 집단 전체를 일반화하는 개념을 뜻한다. 고정관념은 우리를 둘러싸고 있는 세계를 단순화하는 '유형화' 과정에서 생겨난 것으로, 잡다하고 쓸데없는 정보더미에서 쉽고 간단하게 핵심을 짚어내고자 할 때

유용하게 쓰인다. 일상적으로 남성과 여성의 성에 대한 고정관념이 있고, 외모나 옷차림에 대한 고정관념이 있고, 사회 환경이나 문화에 대한 고정관념이 있다. 마찬가지로 직장 생활에도 우리는 흔히 "이런 일은 이렇게 하는 거야" 라든가 "출퇴근 시간에 신경 쓰면 성공할 수 없어" 라든가 "개인생활보다는 조직생활이 우선" 이라는 것들을 일반론으로 내세우는 고정관념을 부지불식간에 사용하곤 한다.

입사 3년차 때 그룹에서 파격적으로 해외 특정 국가에 직원을 1년간 파견, 모든 것을 본인이 알아서 수행함으로써 현지화 및 국제화된 글로벌 인재를 양성하겠다는 취지로 지역전문가 제도를 도입했다. 본부에서 1명씩 지원 대상을 선발하는데 번쩍 손을 들었지만, 당시 맡고 있던 업무 문제가 걸렸다. 2개월 정도 이어지는 작업을 통해 정부에 연 1회 보고하는 업무를 혼자 맡고 있었는데 대체할 사람이 없었다. 아무도 경험자가 없어서 구두로 인수인계하기에는 엄두가 나지 않는 일이었다.

사람 좋기로 평판이 자자한 담당 과장이었지만 강력하게 지원을 반대했다. 이번 업무를 후배 직원과 같이 수행하고 내년에 지원하라는 대안을 제시했다. 합리적 의견으로 보였다. 이렇게 언성이 높아지는 가운데 평소 말수가 적은 부장님이 건너로 이야기를 들었다. 과장을 부르더니 야단을 친다. '이번 연수가 얼마나 개인에게 중요한지 모르느냐', '내년에 기회가 있을지 어떻게 아느냐', '사원 한 명이 없다고 회사가 안 돌아갈 거 같은가' 하는 등 상상도 못한 반전이었다.

그렇게 지역 전문가 연수를 나가게 되었고, 개인적으로는 값진 경험이었다. 지금도 당시의 사람 좋은 과장님과 고정관념을 어떻게 넘어설지를 보여준 부장님이 기억에 뚜렷하다.

우리 사회와 조직은 단기간의 압축 성장을 위해 다양한 사고방식과 가치들을 희생해왔다. 성장과 발전 외의 이슈는 모두 배제되어 왔으며, 직장에서는 얼마나 많이, 빨리, 정확히 할 수 있느냐가 성과의 지표가 되어 왔다. 효율성과 정확성이 지상과제로 결합되어온 것이다. 21세기 들어 여기서 벗어나려는 노력들이 계속되고 있다. 고정관념은 특정 정보를 반복적으로 학습하고 경험하면서 자신도 모르는 사이 머릿속에 사실화되는 생각들이다.

범주화의 과정 중에서 개인차를 인정하지 않기 때문에, 우리는 고정관념을 편견으로 받아들이기도 한다. 우리도 모르는 사이에 사실화된 고정관념은 우리의 생각을 통제하고 조정하면서 새로운 생각, 아이디어를 수용하기 어렵게 한다. 고정관념을 탈피해야 한다는 주제가 지속적으로 강조되고 있다. 오히려 창의적인 생각만이 인정받는 것 같은 분위기마저 생긴 듯하다.

신용카드의 디자인 차별화 전략을 위한 유관 부서 전체 미팅이 있었다. 여러 해외 사례, 다른 업종의 디자인 변천, 소비자의 인식 트렌드 연구 등이 발표되고 카드의 소재, 색상, 문양 등의 예시가 제시되었다. 뒷

자리에 자리 잡은 신입사원이 질문을 한다.

"카드 디자인을 꼭 사각형으로 해야 하나요? 타원형으로 만들면 안 될까요?"

"무슨 말도 안 되는 소리를 하는 거야."

이런 질타가 여기저기서 터져 나오는데 차장 한 명이 반문한다.

"정말 왜 그렇지?"

아무도 생각해본 적이 없었다. '카드는 직사각형'이라는 고정관념. 알아보니 국제표준기구ISO가 정한 규정에는 가로세로의 길이만 있기 때문에 타원형이어도 된다. 다만 ATM기에 넣을 때 카드가 직각이 아닐 경우 카드 'insert error'가 있을 수는 있지만 일반 단말기에서의 카드 swap은 아무 문제가 없다. 그래서 직각이 아닌 타원형 카드 디자인은 획기적으로 채택되었다. 오래 군림해온 고정관념이 작은 질문 하나로 인해 무너졌다.

그렇다. 우리는 그동안 너무 '열심히'만 강조해온 측면이 강하다. 정작 열심히 '무엇을 하느냐'에는 소홀히 해왔다. 알리바바 창업자 마윈은 '열심히'에 앞서 '무엇을'에 관심을 기울여 크게 성공한 경우다.

"성공은 열심히 하는 것보다는 무엇을 하느냐에 달려 있습니다. 많은 사람들이 천재는 99%의 땀과 1%의 영감으로 이루어진다는 말을 믿습니다만 제가 보기에 이 말은 정확하지 않습니다. 부지런하게 일해도 남과 똑같이 해서는 달라지는 것이 없습니다. 성공은 당신이 얼마나 많이 노력하느냐에 달린 것이 아니라 당신이 무엇을 하느냐에 달려 있습니다. - 알리바바 마윈"

직장 초년 시절에 선배들로부터 "그 일은 원래 그렇게 하면 되는 거야"라는 말을 종종 듣는다. 어떤 일을 처리하는 방법으로 기존의 처리 방식을 준용하라는 것이다. 문제는 아무도 왜 그렇게 해야 하는지 의문을 갖지 않는다는 것이다. 근거가 무엇인지, 다른 방법은 없는지를 고민하지 않는다. 귀찮기 때문이기도 하고, 나의 의식이 그렇게 받아들이도록 학습화되었기 때문이다.

직장 생활에서 고정 관념은 "안주하는 나"로 말미암는다.

습관을 들여야 한다. "왜 그렇게 해야 하는지?"라고 항상 질문하는 습관.

05

입사 후 1년만 주어지는
신입사원 특권

과장님이 큰소리로 나를 부르더니 포장된 작은 종이상자를 주면서 신성통상에 전달해 주고 인보이스 언제 들어오는지 물어보고 와달라고 하고는 급하게 나간다.

(어? 신성통상의 누구에게 전달하고 누구한테 어떤 인보이스에 대해 물어봐야 하는 거지?)

처음 외부 거래처에 공문을 보내야 할 일이 생겼다. 그다지 중요한 내용은 아니지만 처음 해보는 거라서 적잖이 신경이 쓰인다. 오전에 옆자리의 대리님에게 작성 방법을 물어보니 본인이 만들었던 공문을 샘플로 주면서 여기 여기만 바꿔서 쓰면 된다고 알려준다.

(공문의 문서번호는 어떤 의미가 있는 걸까? 왜 공문을 쓸 때 본문은 한 줄을 띄고 쓰는 걸까? 본문의 마지막에 "끝" 이라는 글자는 어떤 의미

가 있는 것일까? 그냥 끝이라고 단순히 알려주는 것일까?)

입사 사흘 만에 복사할 일이 생겼다. 복사기 앞에 섰는데 거대한 기계 앞에 선 느낌이 들어 무섭다.

(뭐가 이렇게 복잡하지?)

그냥 폴더를 들고 문서를 놓고 스타트를 누르면 끝나야 하는 건데, 난생처음 보는 수많은 버튼이 있다. 지나가는 선배에게 사용법을 물었더니, '사원증으로 인식하여 활성화시키고 이 버튼을 누르면 된다' 고 알려준다. 감사, 꾸벅.

(그런데 이 복사기의 다른 기능들은 뭘까?)

그로부터 1년간 복사키를 누르는 거 말고 단 한 번도 다른 기능을 이용해본 적이 없다. 모르기도 하지만 불편할 일도 없다.

거래처 담당자로부터 전화를 받았다. 제품 공급 계약서의 반품조항에 보면 관련 법규에 따라 우선 적용되는 경우를 제외하고는 30일 이내 처리한다고 하는데, 이번 반품 건에 대해 30일 이내 처리해주는 것인지를 묻는다. 확인한 후 다시 연락하겠다며 일단 끊고, 대리님에게 물었더니 그냥 처리해주면 된다고 한다. 원래 반품은 30일 이내 처리해준다고 한다. 그렇게 하는 거란다.

(관련 법규는 무엇인지, 어떤 경우에 관련 법규의 우선 적용에 해당되는지, 그런 관련 법규에 따라 우선 적용되는 경우도 있는지 궁금하지만

선배가 시킨 대로 하지 뭐.)

더 물어보면 귀찮아할 거 같아서 그냥 처리했다. 몰라도 되는 거 같다. '같은 일이 또 생기겠어, 설마.'

프로젝트 추진 품의서를 처음 쓰게 되었다. 어제 과장님이 참고하라고 유사한 품의서를 하나 이메일로 보내주었다. 참 고맙다. 그러면서 이메일에 수익성 분석자료를 어떻게 표현하는 게 좋을지, 리스크 항목에 대한 리뷰를 어떻게 달면 좋을지에 대해 참 상세히도 알려주었다.

(그런데 궁금하다. 리스크 리뷰의 항목은 어떤 근거에 따라 선정하는 걸까? 뭔가 부족한 것도 같은데 관행적으로 해오던 방식대로 그냥 하면 되는 걸까?)

물어보면 "기본적인 것도 모르냐"고 면박당할 것 같은 불길함이 엄습하여 조용히 있었다.

회사에 입사하면 처음 해보는 일투성이다. 아니, 모두 처음 경험하는 일이다. 새로이 하나씩 배워가는데, 대부분 앞의 방식처럼 당장 필요한 것에 대해서만, 원래 그렇게 하는 관행에 따라 배우기를 하게 된다. 부끄러워서, 죄송해서, 바빠서 왜 그런지에 대해 물어보지 못한 채 1년을 보내고 만다. 이제 후배 신입사원이 들어오고, 후배에게 내가 배운 방식대로 다시 가르쳐준다. 혹여 왜 그렇게 하는지를 물어오는 후배가 있다면 '원래 그런 거야' 하고 어물쩍 넘긴다.

이렇게 직장 생활을 하고 있는 나, 잘하고 있는 걸까?

대리님에게 신입사원이 질문을 한다.

"선배님이 알려준 대로 구매 품의를 작성하여 상신하려고 하는데, 예전에 알려준 전결 규정을 보면 합의 부서가 두 군데 추가되고 세부 견적서가 첨부되는 거 아닌가요?"

"어디 보자. 아, 이거 그렇게 해야지. 그렇게 수정하여 올리면 되겠네."

(어, 이 친구 봐라. 그때가 언젠데 그 전결 규정을 아직도 보관하고 있었네. 거기다 확인까지 해보고. 앞으로 대충대충 지시했다가는 큰코다치겠는걸. 꼼꼼한 게 제법이군.)

그렇다. 신입사원이 기본적인 것이라도 물어보면 선배들 대부분은 귀찮은 표정을 지을 수 있지만 속내는 비슷하다. 신입사원이기 때문이다. **이것은 신입사원의 특권이다. 신입사원은 회사 내 누구에게든지 무엇이든지 물어볼 수 있는 특권을 가지고 있다.**

만약 연초에 입사한 신입사원이 몇 개월이 지났을 때 회사의 하반기 전략 자료를 접할 기회가 있었는데 전사 전략 가운데 이해하지 못할 부분이 있다고 하자. 선배와 팀장, 심지어는 임원에까지 물어보았는데 명쾌하지 않은 회사의 전략이 있어서 CEO에게 다음과 같이 메일을 보냈다.

"대표님, 저는 ○○부서의 신입사원 ○○○라고 합니다. 지난 2월에 입사하여 열심히 일을 배우고 회사에 기여하는 직원이 되고자 노력하고 있습니다. 얼마 전 하반기 전략 자료를 보던 중 제가 이해하지 못한 부분을 여러 선배들에게 물어보았지만 의견이 엇갈리는 내용이 있어서 이렇게 외람되게 대표님께 메일을 쓰게 되었습니다. 이 전략 내용에 대한 올바른 해석을 가져야 관련 부서로서 제가 준비해야 할 일도 명확해질 것 같아서 대표님께서 의도하시는 전략 방향을 알려주실 것을 청합니다. 급한 마음에 대표님께 문의를 드립니다. 무례했다면 용서하십시요. 총총"

이 메일을 받은 대표는 기분이 어떨까. 건방지다고 생각할까? 기쁘게 답장을 써줄까?

적어도 대표의 머릿속에 ○○부서 신입사원 ○○○의 이름 석 자는 또렷이 남게 될 것이며, 임원들과의 회의 자리에서 그 사원에 대해 물어보게 될 것이다. 그러면 그 많은 임원들도 그 사원을 기억하게 될 것이다. 자기 일에 대해 책임감 있는 자세로 일하는 보기 드문 직원이라는 평가를 담아서.

신입사원입니까? 그렇다면 누구에게든 무엇이든 다 물어보세요!!

06

신입사원 1년 이미지가 10년 간다

"이번에 그룹에서 해외 사업 확대를 위해 1년 기간의 그룹 차원 TF를 구성합니다. 우리 회사에도 과장급 1명을 파견해달라는 요청이 떨어졌습니다. 파견되는 직원도 값진 경험을 하게 되겠지만 그룹에서도 파격적인 보상을 약속하고 있습니다. 그룹에서는 TF의 성격상 풍부한 상상력과 협업 능력이 뛰어난 직원을 요청하고 있습니다. 대표님도 잘 선발해서 파견하라고 하셔서 이 기회에 팀장 여러분의 추천을 받았으면 합니다."

"완전 슈퍼 에이스를 파견해야겠네."

"상상력과 협업 능력이라면 기획팀의 배 과장이 딱 좋지 않을까요?"

"그 친구가 신입사원 때 아이디어 콘테스트에서 기획과 연출로 대박을 쳤지요?"

"아, 그때 정말 대단했죠. 그런 발칙한 상상력과 실행력이라니."

다들 쉽게 수긍하는 분위기다. 팀장회의에서 오가는 대화 내용이다.

아마도 배 과장이 신입사원 때 그룹에서 주최한 아이디어 경진대회에서 대상을 수상한 것이 인상 깊은 듯하다. 게다가 아이디어를 신사업으로 연결하며 여러 부서와 협업했던 인상이 좋았던 것이다. 10년 전 일인데도 배 과장 하면 아직도 그 시절을 떠올리다니.

"이번 신입사원들 어때?"

"그냥 무난하지 않아? 그다지 특색이 있는 친구는 없어 보이던데."

"요즘 젊은 친구들이 다들 그렇듯 개인주의적 성향이 강해서 예전 같은 모습은 없지."

과장들 몇몇이 퇴근길 회사 근처 포차에서 소주 한잔 하면서 나누는 이야기다. 뭔가 아쉬움이 커 보인다. 퇴근길에 눈이 맞아 함께 어울려본 지도, 코로나19 사태 때문에 참 오랜만이다. 이런저런 회사 이야기가 화젯거리다. 상사에서부터 시작하여 신입사원까지 대화가 이어진다.

"참, 근데 이 과장네 신입사원 말이야, 그 친구는 좀 달라 보이던데. 퇴근시간이 지났는데도 자리에 계속 있기에 뭐 하나 하고 넘겨보니 뭔가 보고서를 가지고 끙끙대고 있대. 왜 아직도 남아 있느냐고 물었더니 하는 대답이 요즘 젊은 친구 같지 않아. 급한 건 아니지만 오늘 했어야 할 일인데 내일로 미루기 싫어서 마무리 지으려 한다더군. 요즘 친구들은 오늘 일도 내일로 잠깐 미루고 칼같이 퇴근하는 데 말이야."

"어 그래, 요즘도 그런 친구가 있어? 그 친구 눈여겨봐야겠구먼."

"책임감이 강한 친구인가 보네, 이 과장은 좋겠다. 간만에 일할 만한 후배 받았네."

"미인은 타고나지만 인상은 만들어진다"는 말이 있다. 사람은 누구나 타고난 모습이 있지만 좋은 인상, 좋은 인격이란 부단한 노력에 의해 만들어지는 것이라는 말이다.

'저 사람과 알고 지내고 싶다', '저 사람과 같이 일하면 좋겠다', '저 사람 같으면 자격이 있다' 하는 평가를 받으면 그 사람은 일단 이미지 관리에 성공한 것이다. 그래서 사람들은 상대방에게 친근감 있고 신뢰할 수 있는 좋은 이미지를 주기 위해 노력해야 한다.

그러려면 페이스북의 창업자 마크 주커버그가 말한 대로 **"모두가 원하지만 아무도 하지 않은 일을 시작"**할 필요가 있다. 그런 일은 대개 용기를 필요로 한다.

'이미지'는 라틴어 '흉내 내다'에서 온 말로, 형태나 모양, 느낌, 영상, 관념을 의미하는데, '감각 대상에 대해 감지된 정보가 마음속에서 정보처리의 과정을 거치며 재구성되어 만들어지는 형상으로 어떤 사람이나 사물에 대해 가지는 시각상이나 기억, 인상, 평가 및 태도의 총체'다. 직장인의 93.9%가 회사에서 '이미지 메이킹'이 필요하다고 대답했다. 업무 능력을 향상하기 위해31.2%, 자아 만족감이나 용기를 얻기 위해30.9% 필요하다는 것이다. 그리고 실제로 59.8%가 이미지메이킹을 위해 노력했다고 대답했다. 노력 중에는 관련 서적이나 잡지를 보는 것40.1%, 회사에서 지원하는 교육에 참여하는 것23.3%이 주류를 이뤘다. 이미지를 좌우하는 요소로 직장인들은 화술35.0%과 매너30.6%, 표정16.5%등을 꼽았다. 다른 시각에서 보면 '업무 태도'와 '인간성'이다.

이렇듯 많은 직장인들은 자신의 이미지 향상에 관심을 갖고 있으며 좋은 이미지로 평가받기 위해 노력하고 있다. 그러나 같은 직장 내에서는 쉽지 않은 일이다. 처음 보았을 때부터 이미지가 형성되어 있기 때문에 이 이미지를 다시 바꾸기는 여간 어려운 일이 아닐 수 없다. 그래서 중요한 점이 바로 첫 이미지다.

직장에서 첫 이미지란 대체로 신입사원 시절에 형성된다. 입사 후 첫 1년, 이 기간에 신입사원 개개인에 대한 직장 내 이미지가 형성된다. 그래서 '신입사원 때 만들어진 이미지는 10년을 간다'고 한다. 대체로 중간 간부가 되면 또 다른 업무 범위에 놓이기 때문에 다른 이미지 메이킹의 기회가 될 수도 있지만 그 전에는 어렵다.

내가 직장의 상사라면 어떤 부하직원을 선호할까. 당연히 책임감 있고 창의성 넘치며, 배려할 줄 아는 직원이지 않을까. 자, 아무런 이미지가 만들어지지 않은 입사 1년차인 나는 이러한 이미지 메이킹을 위해 무엇을 할 수 있을까. 이 1년간 만들어진 이미지가 앞으로 10년을 간다는 것을 생각한다면, 안타깝게도 만들어진 본인의 이미지가 직장 선배들에게는 선호도preference가 떨어지는 이미지라면? 책임감, 창의성, 배려 가운데 가장 쉬우면서 임팩트가 강한 것은 배려다.

최근 젊은 직원들에게서 가장 두드러지는 건 창의성이고, 가장 희소한 것은 배려라고들 한다. 내가 해야 할 일은 뭘까? 바로 남들이 하지 않는 배려다.

- 사무실 내 공동 이용 공간이 지저분하게 놓여 있다면 누가 정리해야 할까?
  청소하는 미화원 분들이?
- 사무실의 다른 빈 책상에서 전화벨이 울린다면 어떻게 해야 할까?
  누군가 받거나 울리다 말겠지?
- 단순하지만 귀찮은 조사 업무가 각 부서에 하달된다면 누가 하지?
  부서장이 누군가를 지명하겠지?
- 예정된 부서 회의 시간이 되어 회의실을 들어가니 의자들이 산만하고 개수도
  부족하면 어떻게 할까? 다 같이 정리하면 되겠지?
- 엘리베이터 앞 공간을 지나는데 휴지가 떨어져 있다면 어떻게 하지?
  '내가 버린 것도 아닌걸 뭐' 하고 지나친다?

배려는 공동체를 생각하는 마음이, 그리고 타인을 생각하는 마음이 앞서는 것이다. 요즘은 더 더욱이 개인주의적 경향이 심화되어 가기 때문에 조금만 배려하는 모습을 보면 직장 선배들의 마음은 쉽게 당신에게서 설레게 될 것이다. '나만 아니면 돼' 라고 생각될 때, 내가 하는 것.

향후 10년의 이미지 메이킹을 결정할 신입사원 1년 동안 놓치지 않을 배려의 행동으로 볼 만한 5가지를 뽑아본다. 그리고 딱 1년만 열심히 실천해 보자. 나의 직장 생활은 이후 10년간 아름답고 해피하게 펼쳐질 것이다.

07

건배사와 함께하는
음주문화 변천사

직장문화 하면 음주문화가 빠질 수 없다.

지금은 많이 변했다고는 하지만 아직도 일부 업종이나 직업군에서는 현재진행형이다. 그런데 많은 문화 가운데서도 유독 음주문화는 왜 부정적인 느낌이 강할까? 바로 정도의 문제다. 과하게 마신다는 것이다.

최근 주류의 다양화로 전체적인 알코올 소비량을 언급하기는 힘들지만, 대표적인 소주의 국내 소비를 보면 2011년 대비 2017년 8.9%가 늘었다. 한 해 소비량이 36.4억 병 정도이니 20세 이상 인구 4,200만 명을 기준으로 볼 때 1인당 연간 87병을 소비한 셈이다. 하루 평균 2.1잔을 마신다는 것인데, 실질 소비 인구로 좁혀서 생각해보면 엄청난 소비다.

여기에는 직장에서의 음주가 크게 기여한다. 직장에서 음주문화는 왜 필요악으로 인식되어 왔을까. **우리 사회가 안팎의 문제를 투명하고 합리**

적인 방식으로 처리하기보다는 비공식 채널이나 인간관계 등을 동원해야 궁극적으로 문제가 쉽게 해결될 것이라는 뿌리 깊은 인식에 사로잡혀 왔기 때문이다. 이런 비공식적 인간관계를 쌓기 위해 쓰이는 대표적인 매개체로 '술'이 자리 잡아 왔다.

대체로 직장의 술자리에서는 본인의 주량에 맞게 마시기 어렵다. 폭탄주가 돌고, 벌주가 돌고, 건배주가 돌면서 잔을 마시지 않은 채 대충 내려놓을 수가 없다. '술 잘 마시는 직원'이 '일 잘하는 직원'이라는 상사들의 구태의연한 인식이 크게 작용하는 탓이다. 술자리의 모든 사람이 술을 가장 잘 마시는 상사 기준으로 음주를 하게 되고, 주량이 작은 직원들은 만취로 이어질 수밖에 없다.

최근 들어 직장의 음주문화는 정말이지 급변하고 있다. 술잔을 돌리는 게 미덕이었던 문화가 사라져가고, 1차에서 간단히 하거나, 술을 강권하는 문화도 없어져 간다. 술자리 자체가 많이 줄어들어 간다. 최근의 코로나19는 이마저도 없애는 상황이지만.

여기서는 음주문화 자체를 말하려는 게 아니다. 크든 작든 간에 직장에서 회식과 음주는 존재할 것이고, 직장 초년생 입장에서 어떻게 이 자리를 현명하게 대응하는 게 좋을지 이야기하려는 것이다.

중년 직장인들은 최근 몇 년간 젊은 세대의 문화와 의식을 이해해야 한다는 과제에 힘들어 한다. 그러다 보니 회피하는 경향조차 있다. 하지만 어찌되었던 직장은 중년세대와 신세대가 함께하고 있고, 상사와 부하직원으로 구성될 수밖에 없음을 감안할 때 중년의 음주문화를 이해하고 적절한 범위 내에서 중년의 분위기를 만들 수 있는 신세대가 된다면 중년인 상사들과 좋은 관계를 형성할 수 있지 않을까 싶은 것이다.

술자리에서 빠지지 않는 게 '건배' 다. 건배사를 잘하는 것은 술을 많이 마시지 않고도 술자리의 위너가 될 수 있는 기회다. 술자리가 무르익을 때면 어김없이 좌장이 누군가를 호명하여 건배 제의를 하도록 시킨다. 늘 골치 아픈 순간이지만 이것 또한 깔끔하고 인상적으로 해내는 사람들은 있기 마련이다.

건배사는 30초의 예술이라고도 한다. 최고의 건배사는 인상적인 메시지를 전달하면서도 유머를 넣어 모임을 화기애애하게 이끌어나가는 고품격 코멘트라고도 한다. 통상 건배사의 역사는 3세대로 구분한다. 건배사는 단순히 술자리의 구호라기보다는 시대상이 많이 반영되어 있다.

1980년대까지는 '협동' 을 키워드로 하는 "위하여!" 나 "우리는 하나!" 와 같은 건배사가 있었다. '위하여!' 는 특히 2.3버전에 의해 매우 오랫동안 다양하게 변주되어왔다. 건배 제안자가 '위하여 2.1버전' 을 외치면 좌중은 다같이 "위하여, 위하여, 위!" 를 외치는 방식이다.

1990년대를 지나면서 줄임말이 건배사로 널리 유행했다. "청바지!" 는 '청춘은 바로 지금부터' , "오징어!" 는 '오래도록 징그럽게 어울리자' , "우하하!" 는 '우리는 하늘 아래 하나다' 라는 의미로 사랑 받았다.

2000년대 들어서면서 건배사도 글로벌 성격을 띠게 된다. 건배자가

"자, 우리 모두 소취하!"를 외치면 좌중은 "당취평!"을 외친다. 마치 중국의 고시를 연상케 하는 고품격(?) 건배사의 등장이다. '소주에 취하면 하루가 즐겁고', '당신에게 취하면 평생이 즐겁다'는 의미다. '스페로 스페라'는 '숨 쉬는 한 희망은 있다'는 뜻이다. 물론 건배사는 자리의 성격에 따라 적절하게 사용되어야 한다.

자, 젊은 세대가 근무하는 직장의 상사층을 구성하는 중년의 남성들은 1990년대와 2000년대의 직장 생활에 익숙하고, 그 시절 음주문화와 건배사가 향수로 남은 계층이다. 어쩌다 만든 회식 자리에서 사원 대리급의 눈치를 보며, 대충 음식 먹고, 가볍게 한잔하며, 이런저런 대화를 풀이해야 하는 자리가 중년층에게는 영 어색하다. 자리가 어느 정도 무르익었을 무렵 이렇게 스스로 일어나서 건배사를 하는 신입사원이 있다면 어떨까.

"제가 한 말씀 드려도 되겠습니까. 오늘 이렇게 함께하는 자리를 갖게 되어 무척 감사하고 즐겁습니다. 자리가 어느 정도 무르익은 것 같아서 이 자리에 모인 우리 모두가 더욱 끈끈하게 함께하는 우리가 되자는 의미로 건배 제안을 할까 합니다. 다 같이 앞에 놓인 잔을 들어주시기 바랍니다. 술이면 술, 음료수면 음료수, 뭐든 잔을 채워 높이 들어주시면 감사하겠습니다. '우리는 하늘 아래 하나다'라는 의미로 제가 '우하하'를 외치면 다같이 '우하하'를 따라해 주시기 바랍니다. 우하하!"

중년의 상사들 얼굴에 작은 미소가 흐른다. 그리고 신입사원의 얼굴이 각인된다. 멋진 녀석.

■ 술자리 매너와 술자리에서 살아남는 법

직장인이 되면 회식자리는 피할 수 없는 숙명이다. 요즘은 전보다 좀 덜하지만 그래도 회식자리는 곧 술자리다. 피할 수 없다면 차라리 그걸 적극적으로 이용하여 나의 주가를 높이는 편이 백번 낫다. 원래 술자리가 스트레스 푸는 자린데 스트레스가 더 쌓여서야 되겠는가.

[신입사원의 술자리 매너 5가지]

1. 건배사는 되도록 한 짧고 굵게 한다.

아마 첫 회식은 신입사원 환영회가 되기 쉽다. 그러면 신입사원 건배사를 빼놓을 수 없다. 그러나 시킨다고 해서 때는 이때다 하고 장광설을 늘어놓으면 안 된다. 진심을 담아 짧게 해야 한다. 또 흔히 쓰는 건배사는 별 감흥도 주지 못할뿐더러 식상하여 안 하느니만 못하게 된다. 미리 자기만의 참신한 건배사를 준비해가는 것은 기본이다. 그래야 데뷔 무대에서 '짧고 굵게' 나를 어필할 수 있다.

2. 고기는 신입사원인 내가 굽는다.

선배나 상사가 괜찮다며 자기가 굽는다고 말할 수 있다. 그러나 순진하게 그 말을 곧이듣고 넙죽넙죽 받아만 먹고 앉아 있으면 10년 박힐 미운 털이 그날 하루에 다 박힐 수 있다. 그럴 때는 "고기 굽은 데는 제가 일가견이 있으니 제게 맡겨주십시오!" 하고 무조건 가위 집게를 뺏어들어야 한다.

3. 묻는 말에만 대답하고 말수를 줄인다.

신입사원이 아무리 말주변이 화려하고 연예인 기질이 다분하더라도 나대서는 안 된다. 그런 건 아껴두었다가 회사 창립 기념일 행사 장기자랑 때 써먹으면 스타가 되지만 회식자리에서 어설프게 나댔다간 밉상 되기 딱 알맞다.

4. 술은 눈치껏 조절하여 취하지 않는다.

술이 약하다면, 주는 족족 한입에 털어 넣으면 곤란하다. 너무 뺀다는 인상만 주지 않을 정도로 적당히 꺾어서 천천히 마신다. 신입사원은 회식자리에서 많이 마시는 게 중요한 게 아니라 취하지 않는 게 중요하다. 넙죽넙죽 다 받아마시고 취해서 실수라도 하면 바로 그 모습이 직장에서의 '내 모습'으로 굳어 버린다. 그러니 차라리 술 잘 못 마신다고 타박 듣고 마는 것이 백 번 낫다.

5. 편하게 하란다고 진짜 그러면 안 된다.

회식자리에서는 으레 신입사원에게 편하게 하라고 말한다. 그런데 그 말을 곧이듣고 확 풀어져서 정말로 편하게 해버리면 편하게 하라고 말한 선배나 상사는 그 순간부터 열린 뚜껑에서 뜨거운 김을 내뿜는다. 직장에서의 언어는 그 행간과 저의를 잘 읽어야 한다.

[술자리에서 살아남는 법 5가지]

1. 속을 든든히 채워가며 천천히 마신다.

일단 끝까지 제 정신 챙기는 것이 가장 중요하다. 술자리는 신입사원들 정신력 테스트 자리이기도 하기 때문이다. 또 강소주를 글라스로 거침없이 마셔대는 것은 잠시 환호를 받을지 모르겠지만 건강을 해치는 자해행위다.

2. 담배를 피우는 대신 물을 자주 마신다.

담배는 끊으면 좋겠지만 그러진 못하더라도 술자리에서만큼은 참는 습관을 들일 필요가 있다. 니코틴은 알코올과 상승 작용을 일으켜 빨리 취하게 한다. 그 대신 물을 자주 마셔주면 알코올이 희석되어 덜 취하게 되고, 또 마시는 가운데 술이 깨는 작용도 한다.

3. 도중에 먼저 일어서거나 도망가지 않는다.

아예 처음부터 무슨 일로 회식에 참석하지 못했으면 못했지 참석한 이상 끝까지 가야 한다. 도중에 먼저 일어나 간다거나 몰래 사라지는 행위는 밉상에 얌체로 찍혀 작장생활을 고단하게 만들기도 하지만 책임감이나 공동체의식이 없는 인간으로 평가되어 직장 생활 하는 신상에 매우 좋지 않다.

4. 함부로 나서거나 오버하지 않는다.

신입사원 때는 언행에 때와 장소를 가릴 일이 많다. 회식자리에서는 술이 한잔 오르면 그런 사실을 자칫 망각하고 안 나설 자리 나서서 설치거나 오버하는 언행으로 분위기 싸하게 만들기 쉽다. 그래서 무엇보다 끝까지 취하지 말라고 신신당부하는 것이다.

5. 집에 갈 때는 다 보내고 맨 나중에 간다.

회식은 대개 1차는 횟집이나 고깃집, 2차는 호프집, 3차는 간다면 노래방이다. 요즘은 코로나19 때문에 노래방은 자제하는 분위기지만 또 굳이 간다고 하면 신입사원으로서 "요즘 시국에 무슨 노래방이냐?"고 선배나 상사를 가르칠 수는 없는 노릇이니 따라가긴 해야 한다. 이때 2차든 3차든 마치고 집에 갈 시간이 되면 무조건 그 회식자리의 대장부터 택시 잡아 태워 보내야 한다. 다 놔두고 방향 맞은 택시 온다고 나부터 휭 가버리면 그날 수고한 거 말짱 도루묵이다. 화룡점정을 찍을 좋은 기회다. 택시 세워 잡아서 다 보내드리고 나는 맨 나중에 가는 것이다. 그러면 회식자리에서 좀 잘못한 부분이 있더라도 이 마지막 한 방으로 상쇄하고 남는다. 일이든 인간관계든 맨 처음과 맨 끝이 중요하다.

08

부서 배치 받은 날,
바로 담당자가 되었다

회사 입문 교육을 마치고 부서 배치 받은 첫날이다. 들뜬 마음이 봉봉하다.

"이상철 씨, 업무지원팀에 오게 되서 반갑습니다. 팀장입니다."

"반갑습니다. 이상철입니다. 열심히 하겠습니다."

"자, 여기 주목. 신입사원 이상철 씨입니다. 다들 잘 챙겨주시고⋯⋯. (부서원들의 박수) 참, 환영식은 내일 이길환 씨 환송식과 함께하는 게 좋겠습니다. 이상."

팀장님과 첫 대면인데 큰 목소리만큼이나 상기된 얼굴이 감춰지지 않는다. 자리에서 고개를 돌려 박수를 치던 부서원들이 다시 머리를 박고 일한다. 마치 아무 일도 없었다는 듯이.

"저기 이길환 씨에게 업무 인수인계 받으세요. 원래 한 달 전에 퇴사했어야 했는데 인수인계자가 없어서 신입사원 올 때까지 기다렸어요. 인수인계하고 바로 퇴사할 예정이라 다시 물어볼 수 없으니 꼼꼼히 물어보시고……."

팀장님의 이어지는 멘트를 따라서 눈길이 이길환 씨를 향한다. 워낙 회사 생활에 대한 정보가 없어 별 대수롭지 않게 생각하고, 무표정한 얼굴로 빤히 바라보는 이길환 씨에게 다가간다.

"반갑습니다, 선배님. 이상철이라고 합니다."

"이길환입니다. 자, 여기 정리된 문서 내용을 오늘 중으로 다 암기하시고 퇴근 전에 점검 테스트합시다."

얼굴 표정도 말투도 다 건조하다. 문서 5장을 전달하고, 자리에서 일어선다. 문서에는 회사가 보유하고 있는 65개의 건설업 관련 면허 현황과 관련 법규가 빼곡히 정리되어 있다. 토목건축공사업 면허, 면허번호 32-12-3292, 취득일자 04. 2. 23, 면허기관 건설부, 건설업법 13조, 자격요건 자본금 12억, 토목/건축기술인력 초급 이상 각 6명, 사무실 50제곱미터 이상, 벌칙 등.

용어도 생소하고, 환경도 낯설고, 마음의 준비도 없는데, 갑자기 암기라니. 오랜만에 해보는 '막고 품기 식 외우기'에, 입에서 나는 단내가 머리로 올라간다. 퇴근 전 마주한 테스트. 이 인간이 어디선가 짠하고 나타나서 구석 회의실로 끌고간다.

"전기통신공사업의 면허번호는?"

"조경공사업의 허가요건 중 토지와 수목 관련 요건 기준은?"

30여 분간 계속된 질문과 대답. 조금 버벅거리기도 했지만 대체로 만족스러운 분위기다. 열심히 외운 걸 보니 바짝 긴장했나 보다. 그러더니 다음날 아침까지 깨끗하게 써오라며 연필로 갈겨 쓴, 20여 장의 업 면허 관련 법 규정을 던져 준다. 새벽까지 정리하고 퇴근했다.

부서 배치 둘째 날.

아침 출근과 동시에 법 규정 정리본에 대한 점검이 있다. 하루 종일 업무 설명이 진행된다. 다시 물어볼 수 없으니 노트를 잘 하라고 한다. 정말 열심히 적는다. 손이 아프다. 점심을 걸렀다. 시간이 없단다. 주변의 다른 선배들이 '뭐 그렇게 까지 하느냐' 며 한 마디씩 던진다. 오후 늦게까지 계속된 설명이 끝났다. 너무 많은 걸 들어서 용량 초과된 듯하다. 그저 멍하기만 하다. 직장이 이런 건가 싶기도 하고, 아무튼 잘 모르겠다.

저녁에 부서에서 환송식 겸 환영식 자리를 가졌다. 나의 직장 생활에서 유일한 사수였던 이길환 선배는 회식을 마치고 바로 터미널로 향했다. 먼 남쪽 나라 창원으로 간다며, '모르는 것 있어도 연락하지 말라' 는 멋진 멘트를 남긴 채 떠났다. 아직 업무에 대한 감은 1도 없는데 그렇게 사수는 떠나갔다.

부서 배치 셋째 날.

토목견적 팀에서 사람이 와서 지하철공사 입찰 참가 서류를 준비하는데 관련 업 면허 사본들과 여러 기술 관련 서류 등을 빨리 준비해 달란다. 다들 내가 담당자라고 지목한다. 챙겨줘야 한단다. 이틀 간 외우느라 용어는 낯설지는 않은데 영 매칭이 안 된다. 한참을 메모 노트를 보면서 하나둘 정리하고 있는데 빨리 달라고 독촉한다. 어떻게 정리했는지도 모르게 넘겨주고 나니 이마에 땀이 송골송골하다. 주변 부서원들은 아무도 나를 신경 쓰지 않는 것 같다. 서류를 잘 정리해주었는지 모르겠는데, 아무도 점검하지 않는다. 겁이 덜컥 났다. 혹시 서류를 빠트리거나 잘못 챙겨주지는 않았는지, 내가 실수해서 입찰에 탈락하면 어떻게 하지? 부서원들은 다들 바빠서 누구에게도 말을 못하고 혼자만 끙끙거린다. 그렇게 담당자의 하루를 보냈다.

부서 배치 이후 2개월쯤 지난 어느 날, 동기들 20여 명이 처음으로 저녁 자리를 가졌다. 다들 정신없는 시간을 보낸지라 반갑기도 하고, 첫 직장 생활의 웃픈 이야기들이 넘쳐난다. 이야기꽃이 피고 자리가 무르익을 무렵, 담당자로서 홀로서기를 하고 있는 나를 다들 부러워한다. 자기들은 날마다 그저 시키는 일만 닥치는 대로 하고 있다 보니, 정체성이 제로란다.

'아, 이렇게 담당자가 된다는 게 동료들은 부러워할 일이구나.' 하긴 지난주에 프로젝트 유관 부서 회의에 참석했을 때, 나는 담당자라 앞자리에 앉아 있는데 회의에 참석한 동기 몇몇은 뒷자리에 앉았었지. 그럴 때 못내 부러웠겠구나. 대개 6개월은 지나야 작은 업무의 담당자가 될 수 있다고 하니, 일찍 퇴사한 사수에게 감사해야 할 일인지도 모르겠다.

직장 생활에서 중요한 부분의 하나로 '좋은 사수'를 말한다. 퇴사의 사유는 직장 내 스트레스의 큰 요소가 사람이고, 대부분은 상사와의 갈등이고 보면 좋은 사수는 정말 중요한 부분이다.

좋은 사수를 만났다는 건 업무를 빨리 잘 배워 직장에 잘 적응할 수 있다는 의미다. 그래서 좋은 사수는 대개 체계적이고, 합리적이며, 큰마음으로 후배를 기다려준다. 이렇게 **직장에서 좋은 사수가 중요한 이유는 사수를 통해 도제식으로 전수되는 업무 영역이 많기 때문이다. 정형화되지 않은 업무가 있을 수도 있고, 인간관계 같은 비정형 요소까지도 사수를 통해 전해지는 경향이 있다.**

나는 안타깝게도 직장 생활 내내 유일한 사수와의 경험이 이틀 밖에 없었다. 하지만 지금도 그의 이름을 기억한다. 내가 사수가 되었을 때도 나도 모르게 그에게 전달받은 사수의 역할을 하려고 애쓰는 나의 모습을 보곤 했다. 이틀의 짧지만 강한 임팩트 덕분에 지금까지도 직장 생활을 나름 잘하고 있다고 믿는다.

그것은 책임감이다. 사수가 후배를 자기와 동일시하고, 후배가 어디에서도 일 잘한다는 평가를 받을 수 있게 하는 책임감. 나는 감히 좋은 사수의 최고 항목으로 '후배와 나의 동일체로써의 책임감'이라 말할 수 있다. 여기에 합리적인 방법론이 동원될 때 당신은 최고의 사수와 후배가 될 것이다. 나는 이 느낌을 간직하고 지금까지 후배들을 만나왔다. '좋은 사수'가 되기 위하여.

*이 글에 등장하는 이길환은 실명이다. 창원으로 훌쩍 떠난 멋진 선배 이길환을 지금도 추억한다. 보고 싶다.

09

진정한 소통은
이름을 기억하는 것부터

누군가에게 기억되는 이름이 되기 위해 그의 이름을 기억하고 불러준다.

난처한 경우가 있다. 이 과장은 회사 건물에서 엘리베이터를 대표님과 단둘이 타게 되었다. 회사는 27층 건물의 3개 층을 사용하고 있어서 여러 회사가 이용하는데, 어쩐 일로 다른 탑승자가 아무도 없다. 이 과장은 1년 전 계열사에서 10명이 함께 전배 왔을 당시 전배 인력 일행과 같이 대표님과 점심식사를 했던 기억만 있다. '대표님은 내가 누군지 모를 테지' 하는 생각으로 주섬주섬 하고 있는데 어색한 공기에 엘리베이터가 터질 것 같다. 그 순간, 뒤통수에서 중저음의 목소리가 들린다.

"이 과장, 이 회사 온 지 1년이 다되는구먼. 이제 회사생활 좀 적응했겠네."

대표님이 스치듯 한 번 본 나를 기억해서? 그것도 이름과 직급과 만난 날짜까지 정확하게. 1,000명이 넘는 직원들 가운데 1년 전 잠깐 본 일개 과장을……. 놀라웠다.

그 이후 대표님은 내게 경외의 대상이었고, 어쩐지 조신하게 행동하지 않을 수 없었다.

대표님은 1년 후 옆 건물의 다른 관계사 사장으로 옮겨가게 되었고, 그렇게 기억은 잊혀졌다. 4년쯤 흐른 어느 날, 그 대표님이 근무하는 옆 건물 로비를 지나고 있는데 저 앞에서 그분이 걸어오고 있다.

"안녕하십니까?"

막상 인사는 했지만 '그저 이 건물에 근무하는 직원쯤으로 여기겠지' 하는 생각으로 가볍게 지나치려 했다. 그러나 여지없는 말이 뒷덜미를 낚아챈다.

"오, 이 과장, 오랜만이군. 아니다, 이제 팀장이겠는걸. 잘 지내시는가?"

놀랍다. 이럴 때 모골이 송연하다고 하는 거겠지. 1년 아니라 4년 뒤에도 나의 세세한 부분까지 정확하게 기억해주는 대표님이라니. 어찌 내 마음속에 영원한 대표님으로 각인되지 않을 것인가.

벤야민 레비Benjamin Levy는 무대 마술사와 기업을 대상으로 한 엔터테이너로 경력을 시작했는데, 그는 무대에서 한번 마술 연기를 하면 150명 관객들 이름을 다 기억해내는 인물로 알려져 있다. 그는 저서《이름기억법Remember Every Name Every Time》에서 좌뇌를 이용하는 분석적 이름기억법과 우뇌를 활용하는 직관적 이름기억법을 소개하고 있다. 두 기법은 모두 배우기 쉽지만 효과를 내기 위해서는 많은 연습을 필요로 한다는 것이다.

사람 이름을 기억하는 것이 중요하다는 것쯤은 누구나 알고 동의할 것이다. **자기 이름을 기억해주면 사람들은 자신이 존중받고 있다고 느낀다.** 자신이 인정받는다고 느낄 경우 사업상으로나 개인적으로 더 친근해지는 건 당연하다.

철강왕 카네기는 사실 철강 관련 전문지식이 그다지 깊지는 않았다. 하지만 그는 사람을 대하는 방법을 알고 있었고, 사람들을 조직하고 통솔하는 데 놀라운 재능을 보였다.

카네기가 스코틀랜드 농가에서 살던 열 살 무렵, 토끼 한 마리를 얻었는데 새끼를 밴 상태였다. 이윽고 새끼를 여러 마리 얻었지만 먹일 일이 고민이었다. 그는 마을의 또래 아이들을 모아놓고 말했다.

"얘들아. 봐봐, 새끼 토끼들 귀엽지. 아직 이름을 안 지었는데, 쟤들 하나하나에 너희들 이름을 붙여줄게. 그 대신 자기 이름을 가진 토끼는 저마다 숲에서 먹이를 뜯어다 먹여야 해."

아이들은 정말로 자기 이름을 가진 토끼에게 날마다 풀을 뜯어다 먹이는 것은 물론이고 지극정성을 쏟았다.

커서 센트럴 철도회사를 운영하던 카네기는 유니언 퍼시픽 철도의 침대열차 사업을 놓고 조지 풀먼의 회사와 치열하게 경쟁하고 있었다. 가격 인하 경쟁이 과열되던 어느 날, 카네기는 풀먼에게 공동 투자를 통한 협업을 제안했다. 고민하던 폴먼이 물었다.

"합작회사의 이름은 어떻게 할 생각이십니까?"

카네기는 주저 없이 대답했다.

"당연히 '폴먼 기차회사' 라고 해야지요."

두 회사의 합작은 산업계의 큰 획이 되었다. 다른 사람의 이름을 기억하고 또 명예롭게 만들어주는 능력이야말로 카네기의 성공적인 리더십 가운데 하나다.

"이 세상 작은 이름 하나라도 마음 끝에 닿으면 등불이 된다."

이기철 시인의 시 〈작은 이름 하나라도〉의 첫 구절이다. 시처럼 작은 이름들 하나씩을 가슴에 닿도록 담아보자. 오늘도 오고가면서 만난 사람들의 이름을, 그와 관련된 것들을 함께 가슴에 대보기.

10

직장 내
나만의 멘토

어느 날, 다른 부서에서 일하는 후배가 커피 한잔 하자며 찾아왔다.

요새 직장 생활이 무료해서 무척 힘들다고 한다. 가정사부터 시작하더니 친구들과의 관계, 부서 내 동료들과 힘든 점, 상사들의 비효율적인 업무 지시까지 이런저런 시시콜콜한 이야기 한 시간 남짓 주절주절 늘어놓더니 들어주어서 고맙다며 일어선다.

누군가에게 털어놓고 싶은데 주변에 마땅한 사람이 없는데 선배는 잘 들어줘서 좋다며 간다. 뭔가 답답한 게 많은 것 같은데 별로 위안이 되어주지 못한 거 같아 미안하다.

하반기 전략보고서를 쓰는데 진도가 나가지 않는다. 콘셉트 설정부터 풀리지 않는다. 이 과장에게 전화해서 회의실에서 잠깐 보자고 한다. '상반기 리뷰를 이렇게 하고 하반기 전략을 이렇게 풀어나가려고 하는데 중간에 전략 콘셉트가 있으면 좋겠는데 안 잡힌다. 어떻게 하면 좋을까' 물어보니 몇 년 전 침체기에서의 전략을 전개할 때 사례를 들려준다. 본인은 어떤 도움이 될지 모르겠다고 하지만 사례를 듣는 중 괜찮은 시사점을 얻었다. 고맙다.

나는 프레젠테이션에 자신이 있었다. 실제로도 매번 잘 한다는 평가를 들었다.

그런데 한번은 완전히 멘붕 상태에 빠져 프레젠테이션을 망친 적이 있다. 두 사람이 각각 연달아 신상품 프레젠테이션을 하게 되었는데, 내가 두 번째 발표자였다. 앞선 동료의 발표를 참관하는 중에 너무 주눅이 들어 내 차례를 완전히 망치고 말았다. 앞 차례의 동료가 좌중에게 역으로 질문하고 때로는 농담을 던지며 분위기를 휘어잡는, 차원이 다른 프레젠테이션을 선보인 것이다.

"전무님, 주머니에서 지갑 한번 꺼내보시죠. 신용카드를 몇 장 갖고 있으세요. 2장이네요. 그렇습니다. 평균적인 남성 직장인은 2장의 카드를 소지합니다. 집에 가면 장롱카드라고 몇 장이 더 있지요. 우리의 이번 신상품 카드의 포지션 전략은 '지갑에 소지하는 세컨드 카드' 입니다."

하늘같은 전무에게 주머니에서 지갑을 꺼내 내보이고 거기 신용카드가 몇 장 있는지 세어보라고 시키다니……. 상상할 수 없는 일이다. 아마 전무가 소지한 카드가 2장보다 더 많았다면 분명 그에 맞춘 다른 멘트가 나왔을 것이다. 전무는 그 순간부터 프레젠테이션에 푹 빠져서 끌려들어 간다. 아니, 좌중 모두가 끌려들어간다.

이런 프레젠테이션이 대성공을 거두지 않을 리 없다. 그때부터 그 동료는 나의 프레젠테이션 멘토님이 되었다. 그가 프레젠테이션을 할 때마다 참관하여 세밀한 분석으로 배울 점을 찾아 내 것으로 만든다. 그럴 때마다 나의 프레젠테이션도 한 걸음씩 나아간다. 감사한 일이다.

고대 그리스의 시인 호메로스가 쓴 것으로 알려진 《오디세이아 Odyssey》는 트로이 전쟁의 영웅 오디세우스의 10여 년에 걸친 귀향에 대한 모험담을 담고 있다. 여기서 오디세우스는 트로이 전쟁에 출정하면서 집안일과 아들 텔레마코스의 교육을 그의 친구 멘토에게 맡긴다. 오디세이아가 전쟁에서 돌아오기까지 10여 년 동안 멘토는 왕자의 친구, 선생, 상담자, 때로는 아버지가 되어 그를 잘 돌봐주었다. 이후로 멘토라는 그의 이름은 지혜와 신뢰로 한 사람의 인생을 이끌어주는 리더와 동의어로 사용되고 있다.

직장 생활을 잘 하려면 어떤 멘토가 필요할까. 각자 자신에게 필요한 멘토링 분야를 설정하는 게 좋다. 분야를 세분할 수도 있지만 더 넓혀서 설정하는 것도 좋다. 업무 영역에서의 멘토와 삶에서의 멘토로 범위를 아주 넓혀서 설정할 수도 있다.

멘토를 찾는 데 조급할 필요는 없다. 적합한 멘토를 찾을 때까지는 서둘러 멘토를 정할 필요가 없다는 것이다. 직장에서 이렇게 멘토를 찾으려고 관찰하는 것만으로도 직장 생활에 큰 도움이 될 것이다. 사람을 객관적으로 보려고 노력하는 과정에서 본인의 객관적 시각을 확대하는 기회가 생기게 되기 때문이다.

나는 직장 생활을 하는 가운데 세 가지 분야의 멘토를 갖게 되었다. 보고서 작성의 멘토, 전략 수립의 멘토, 프레젠테이션의 멘토다. 이 세 분야에서는 나도 나름 잘한다는 평을 듣는데, 세상에는 뛰는 사람 위에 나는 사람이 있게 마련이어서 우리 회사만 해도 나보다 뛰어난 고수들이 즐비했다. 나의 멘토는 선배, 동기, 후배 한 사람씩인데 정작 본인들은 그런 사실을 전혀 모른다.

사실 직장에서 오픈된 멘토-멘티의 관계란 사적인 네트워크로 오해받거나 불편한 관계로 끌려갈 수도 있다. 혹자는 직장 생활을 잘 하는 방법으로 사내 멘토링을 언급하기도 하지만 아름다운 결실을 기대하기가 어렵다. 그래서 **직장 내 멘토는** 상대방은 자기가 나의 멘토인 줄을 모르는**나만의 멘토로 두는 것도 나쁘지 않다.** 중요한 것은 나의 멘토와 편한 관계를 유지하고 있어야 언제든지 함께 이야기할 수 있겠다.

멘토에게 배우는 좋은 방법은 적극적인 모방이다. 사내 멘토의 장점은 쉽게 눈에 띈다는 것이다. 굳이 같이 이야기하지 않아도 바로 옆에서 볼 수 있다. **나와 다른 점, 내가 배울 점에 대해 유심히 관찰하고 적극적으로 따라 해보는 방법이다.** 그가 쓴 보고서가 좋으면 이렇게 해보는 것도 좋겠다. 처음에는 그대로 옮겨 쓰기, 다음에는 안 보고 똑같이 써보기를 해본다. 배우고자 하는 그의 보고서 작성법이 반복을 통해 나의 문체가 되어간다. 그의 발표력을 배우고 싶다면 시작하는 말, 도입부의 임팩트, 어조나 시선 처리, 톤 다운의 방법을 유심히 관찰하고 따라 해보면 발전하는 나를 발견하게 된다. 멘토는 자신을 성장시키고 안주하지 않도록 채찍질해줄 수 있는 존재다.

줄탁동시. 어미닭과 병아리가 안팎에서 호응하여 동시에 알을 쪼는 것을 말한다. 줄은 병아리가 안에서 껍질을 쪼는 것이고, 탁은 어미닭이 밖에서 그 알을 쪼는 것이다. 좋은 멘토를 만나려면 먼저 좋은 멘티가 되어야 한다. 좋은 멘토를 찾는 것과 함께 나는 좋은 멘티인지 끊임없이 돌아봐야 한다. 멘토는 나의 태도에 따라 많은 사람이 될 수도 있고 한 명도 없을 수도 있다. 중요한 것은 나의 태도다.

11 /

다중세대의
위험한 동거

가수 '유리' 하면 누가 떠오르는가? 핑클의 유리, 소녀시대 유리, 쿨의 유리, R&B 가수 유리 중 누군가 떠오를 것이다. '탐라' 라는 단어를 들으면 제주도라고 얼른 생각나는가? 아니면 페이스북 '타임라인' 의 줄임말로 떠오르는가?

'아하, 세대 차이 이야기를 하려고 이러는구나' 싶겠다. 맞다. 세월이 지나도 변함없이 화제가 되고 문제가 되는 세대 이야기를 하려는 것이다. 여기서는 직장 생활에서의 세대 문제.

요즘 직장의 출퇴근 문화가 크게 바뀌고 있다. 퇴근시간 되면 눈치 보지 않고 칼 같이 자리 정리하고 일어서는 젊은 직원들을 보면서 안타까움과 부러움이 교차하는 상사들의 눈빛이 있다. 어느 날, 인사조차 없이 자리를 정리하고 쓱 퇴근하는 신입사원에게 부장님이 한마디 한다.

"이보게. 퇴근시간이 되어 퇴근하는 건 좋은데, 그래도 퇴근한다고 인사는 하고 가지 그래."

이때 신입사원의 대꾸에 부서원들 대부분이 깜짝 놀란다. (놀라는 분은 구세대가 분명‥)

"부장님도 먼저 퇴근하실 때 제게 인사 안 하고 그냥 가시잖아요."

좀 웃픈 대화로 극단적인 예라고 하겠지만 이보다 더 세대 차이에 실감나는 대화가 있을까 싶다. 이제 웬만한 것은 다들 세대 차이라며 자연스럽게 넘겨버리는 모습이다. 그러다 보니 기본 개념까지 이것저것 다 너무도 쉽게 '세대 차이' 라는 핑계로 싸잡아 넘어가버린다. 같은 또래에도 생각과 가치관이 다를 수 있는 것처럼 새까만 후배라도 그런 차원의 다름도 많을 텐데 그마저도 다 세대 차이로 뭉개버린다.

1990년대에 '386세대' 라는 말이 생기면서 세대 개념이 정치화되었다. 80년대 학번에 1960년대 출생인 이들은 이때 30대의 팔팔한 나이였다. 이런 기준으로 하면 바로 앞 세대는 '475세대', 뒤 세대는 '297세대' 지만 그렇게는 부르지 않았다. 1990년대 들어 새로운 문화현상을 보이는 젊은이들, 즉 70년대 생들을 'X세대' 라고 불렀다. 그 뒤를 'Y세대', 'Z세대' 가 이어갔다.

이런 세대 유형이 대체로 나이대별 그룹으로 묶인 이름이었다면 나이보다는 행태에 따라 묶인 그룹을 규정하는 개념도 있다. 서울 강남 일대에서 퇴폐적인 소비문화를 즐기는 젊은이들을 '오렌지족' 이라고 부르는 것을 시작으로 다양한 세대 이름이 유행했다.

어떤 이름은 스스로 부여한 선망의 표현일 수도 있고, 어떤 이름은 다른 세대가 부여한 비하의 표현일 수도 있다. 이런 세대는 어떻게 규정할까? 세대를 규정하고 활용하는 방식조차 시대가 변하면서 바뀌어간다.

직장에도 다양한 세대 그룹이 존재하고, 계속해서 새로운 세대가 나타날 것이다. 컴퓨터를 익숙하게 사용하는 젊은 사원들을 부러워하여 '밀레니엄 세대'라고 불렀고, 21세기에 10대의 성장기를 보내면서 디지털 기기에 일상처럼 친숙해진 젊은 친구들에게는 'Z세대'를 부여했다. 이러한 성장 환경의 차이는 의식의 차이를 가져오고 문화의 차이로 나타난다. 직장이라고 예외는 아니다.

현재 직장 내에서의 세대 문제는 다양한 형태로 나타난다. 최근 20~30년 동안 단순히 구세대와 신세대라는 이분법으로 규정 없는 다양한 유형의 세대가 출현했다. 나이에 따른 2차원의 수직적 세대 구분에서 수평적 세대 구분을 지나 입체적 구조에 이르는 4차원의 세대 분포를 나타내고 있다. 이렇듯 '세대'는 복잡한 구조체가 되었다.

세대는 직장에서 갈등구조의 요소로 작용하고 있어서 이를 극복하기 위한 다양한 노력이 시도되고 있다. 그 극복 방안으로는 대개 기성세대가 신세대를 이해하고 포용하라는 것이 제시되는데, **갈등은 어느 한쪽만 노력한다고 풀릴 일이 아니다. 양쪽이 마주 보며 조금씩 다가서는 노력을 통해서만 갈등은 풀리고 그로 인한 상처는 치유될 수 있다.**

기성세대가 신세대더러 덮어놓고 "버릇없다"고 야단칠 일은 아니지만, 신세대도 "버릇없다"는 야단을 맞으면 "꼰대 짓"이라며 덮어놓고 대들 일이 아니라 **왜 그렇게 말하는지 진지하게 생각해보고 고칠 건 고쳐야 한다.** 아무리 세월이 흘러도 옳은 건 옳은 거고, 버릇없는 건 버릇없는 것이다.

오히려 신세대라면, 기성세대를 좀 더 이해하려고 노력하는 것도 하나의 차별 포인트가 되지 싶다. 최불암 시리즈와 같은 90년대 개그를 할 줄도 알고, 80년대 감성 발라드도 부를 줄도 알고, 점심시간에 최근 유행하는 신조어 모음을 재미있게 웃으며 이야기하는 신세대가 되어보면 어떨까.

12 /

회의는 나를 어필할
최고의 기회

직장 생활에서 회의는 거의 식사 테이블의 메인 메뉴와 같다.

'회의만 하다가 퇴근하기도 한다'는 말이 어색하지 않을 정도다. 회의 종류도 참 다양하다. 회의에 참석하는 모든 사람들은 회의를 싫어한다. 단 한 사람, 회의를 주재하는 사람만 예외다. 회의는 비생산적이고 비효율적이라는 생각이 지배적이다. 오죽하면 '회의문화 개선회의'가 있을까. 이 정도면 회의는 문제다.

사전에 스케줄이 예고되는 회의가 있는 반면, 갑작스럽게 소집되는 긴급회의도 많다. 사내외의 사람들이 모여서 하는 회의에서부터 2명 이상이 모이면 회의다. 빡빡하게 회의실에 모여서 얼굴을 맞대고 하기도 하고, 화상회의나 컨퍼런스 콜 같은 형식을 띠기도 한다.

모든 회의는 주제를 가지고 있다. 문제점이 있는 어떤 현상에 대한 해결책이 안 나올 경우에 이를 타결하기 위해 관련되는 사람들이 모여서 회의를 한다. 이렇게 모인 회의는 대체로 문제의 원인과 책임에 대한 이야기로 채워진다. 문제는 꼭 해결되어야 한다는 심각성만이 공유되고 누가 언제까지 대안을 제시하라는 결론으로 마무리되곤 한다. 회의가 또 다른 회의를 낳고 끝난다.

대한상공회의소가 국내 100대기업 직장인 1,000명을 대상으로 한 조사에서 회의 문화에 대한 점수는 45점에 그쳤다. 직장인들은 회의의 50% 정도가 불필요하다고 생각하며, 상사의 의견대로 결론이 정해진다는 답변이 75.6%, 회의의 성과에 대해 명확한 결론이 없이 끝난다는 답이 55.2%, 결론이 내려지더라도 최적이 아니라는 답도 42.1%에 달해 결과적으로 46.1%의 회의는 실행으로 옮겨지지 못하는 것으로 나타났다.

상사의 권위적 리더십이 회의 문화의 부정적 요인의 하나라고 하지만 상사는 역으로 직원의 수동적 팔로우십에 문제의 원인이 있다고 생각한다. 도무지 회의에 참석하면 입을 다물고 눈을 피한다. "이럴 거면 회의에 왜 참석하는지 모르겠다" 며 한탄한다.

그럼 우리의 이런 회의에서는 어떤 풍경이 펼쳐질까?

비상 상황에 따른 긴급회의가 전무 주재로 소집되었다. 수출 에이전트가 실수를 해서 공장에 원자재 공급의 납기를 맞추지 못할 상황이 벌어진 것이다. 담당 과장의 현황 브리핑이 진행되었다. 전무가 도중에 자르고 나선다.

"아, 설명은 됐고. 그래 어떻게 하겠다는 건지 결론을 이야기해봐."

"전무님, 의견을 내려면 참석자들이 모두 어떤 상황인지 정확하게 인식해야 하니 브리핑을 좀 더 진행하면 어떨까요?"

"아니야. 그건 이따 회의 끝나고 더 공유하시고 일단 급하니 대책부터 들어보자고."

실무자가 준비한 대책이 먼저 발표되었다.

"그렇게 하면 납기에서 며칠이나 차질이 있나?"

"15일 정도 차질이 예상됩니다."

"그걸 말이라고 합니까. 다른 대안은 없어요? 여럿이 모였으니 의견들 말해보세요."

다들 자세한 현황을 공유하지 못한 상태에서는 무슨 뾰족한 의견을 내놓을 수가 없다. 설령 현황이 공유되었다 한들 대안이 누르면 나오는 버튼과 같겠는가. 다들 꿀 먹은 표정이다. 다시 전무의 목소리가 올라가고 '회사가 위기인데 이렇게 태평스러워서 어떻게 하느냐'는 질타만 이어진다. 문제점을 정확히 이해했다면 뭔가 생산적인 대안들이 제시되고 활발한 토론이 될 수도 있었을 텐데. 회의의 ABC도 모른 채 급하기만 한 상사 혼자 분주하다. 이처럼 직장의 회의 문화에 대한 문제점과 개선점은 자주 언급된다. 회의의 그라운드룰이 이야기되고 경청과 존중, 건강한 비판 등 회의 진행 방식의 개선 방안, 회의 체크리스트, 회의 에티켓 등 많은 회의 관련 캠페인이 진행된다.

여기서는 회의를 긍정적인 관점의 다른 시각에서 들여다본다. 위기는 기회라는 말을 잘 알지만, 대부분 당시에는 지금 나의 상황이 위기라고 생각지 않고, 답답하지만 피할 수 없는 현실이라고 여긴다. 회의 또한 그렇다. 지금 회의에 소집되어서 끌려가는 내가 바로 위기에 놓여 있다. 지금 내가 속한 직장의 회의가 불합리함을 가지고 있다면 전반적인 회의 문화의 개선은 조직 차원에서 진행되어야 할 것이다. 한 개인이 바꿀 수 있는 문제는 아니다. 그러면 회의 시간은 내게 킬링 타임에 불과할까.

지금부터 회의에 참석하라고 통보를 받았다면 통보한 사람에게 미리 연락하여 사전에 회의 주제와 주요 참석자를 알아본다. **회의가 어떤 성격이고 어떤 이야기들이 오갈 것인지 예측할 수 있을 것이다. 무엇을 알아야 할 것인지 질문할 것들과 어떤 대안이 있을 수 있을지 생각해본다. 대안이 어렵다면 적어도 방향성이라도 고민한다.** 그것도 시간이 안 될 경우 회의 안건과 관련하여 궁금한 내용의 질문 리스트라도 뽑아본다.

회의에 참석한 나는 발언들을 더욱 집중하여 경청할 것이며, 미리 생각해본 질문 가운데 하나를 말할 것이며, 회의에서 비껴나지 않은 여러 논점들에 대해 의견을 표할 것이다. 회의 시간 내내 아무 생각 없이 자리에 앉아 있는 대다수 참석자들은 태도에서부터 다른 나를 발견하게 될 것이다. 참석자들 또한 자신들과는 많이 다른 내가 보이지 않을까? 회의에 참석한 최상급자는 눈에 띄는 나를 어떻게 인식할까? 무엇이 어떻게 다르게 보일까?

적어도 내게 회의 시간은 더 이상 킬링 타임이어서는 안 된다. 회의에 주체적으로 참여하는 일이 반복될수록 업무를 긍정적으로 처리하게 되고, 조직 관점에서 고민하는 시각을 가진 구성원으로 사람들에게 인식되고, 종합적인 사고체계의 보유자, 창의적인 대안을 제시할 수 있는 유능한 사람으로 자리매김할 수 있다. 만약 이런 이미지를 인위적으로 만들려 한다면 참으로 많은 노력과 시간이 필요하다. 회의는 회의 내용에 따라 참석자의 범위가 다양하다. 기존에 알고 있는 사람도 있을 수 있고, 안면이 없는 사람들도 함께할 수도 있다.

회의는 짧은 시간이지만 다양한 사람들에게 나를 긍정적으로 인식시킬 수 있는 최고의 무대다. 이제 회의에 참석하러 갈 때면 바짝 전투 의지를 세워보면 어떨까.

여기서 잠깐! 이거 알아요?

■ 회의를 '나의 힘' 으로 만드는 노하우

1. 회의 의제를 충분히 파악하고 참석한다.

사전 준비 없이 회의석상에 가서 앉아 있으면 그저 머릿수나 채우는 장식품이 되기 십상이다. 그러면 금세 상사의 눈 밖에 날 뿐더러 스스로도 무기력감만 느끼고 만다. 적어도 회의의 주제, 문제가 될 법한 갈등 사항, 해결의 접점이나 대안, 참석자의 면면 정도는 파악하고 회의에 참석해야 그 회의에서 나의 존재를 부각시킬 수 있다.

2. 회의 장소에는 15분 전에 가서 전열을 가다듬는다.

설령 내가 속한 조직의 회의가 의례적이고 대충이라고 해서 나까지 그러면 안 된다. 나만이라도 최선을 다하는 것이다. 물론 요즘에 회의를 대충 하는 회사는 없다. 다른 사람이야 어떻든지 회의를 알차게 준비하여 알차게 치르다 보면 직장에서 나의 존재도 어느새 알차게 자리 잡게 된다. 해봐서 알겠지만 회의는 늦으면 양보하고 잃을 게 많아진다. 무엇보다 회의시간에 늦지 않는 것은 회의 주최자에 대한 최소한의 예의다.

3. 회의를 소집할 때는 일주일 전에는 통보한다.

회의를 소집할 때는 일주일 전에는 통보하여 스케줄을 맞추고 준비할 시간을 충분히 주어야 한다. 동시에 주제와 현안에 관련된 자료를 충분히 제공해야 한다. 팀 내의 간단한 회의라면 사나흘 전에 통보해도 크게 무리는 없다.

4. 꼭 회의가 필요한 사안인지 신중하게 판단한다.

무엇보다 회의 소집에는 뚜렷한 명분과 이유가 있어야 한다. 이메일이나 다른 수단을 통해서도 해결할 수 있는 사안이라면 굳이 회의에 부칠 필요가 없다. 회의는 꼭 필요할 때만 아껴 써먹어야 효용이 높은 법이다. 이 점을 소홀히 여겨 회의 소집을 남발했다가는 다른 사람들의 시간을 허비하게 만들고, 나는 양치기 소년이 되기 십상이다.

5. 그렇다면 의사결정권자를 참석시킬 수 있어야 한다.

회의의 최종 목적은 안건을 통과시켜 실행하는 데 있다. 아무리 좋은 안건이라고 회의에서 결론이 나봤자 의사결정권자가 승인하지 않으면 아무 소용이 없다. 결재권자의 관심을 끌지 못하는 회의는 다시 생각해보고 전략을 수정해야 한다. 그렇지 않으면 회의가 끝날 때마다 "이제 누가 고양이 목에 방울을 달지?" 하는 미궁 속으로 빠지게 된다.

[회의를 성공적으로 진행하는 5가지 요령]

1. 누구나 자유롭게 의견을 개진할 수 있도록 분위기를 조성한다.
2. 침묵하는 사람이 없도록 격려하고 배려하고 활기를 돋운다.
3. 가장 윗사람은 맨 나중에 발언하도록 유도한다.
4. 회의 내용의 핵심을 정리하여 제시하고 성과를 적시한다.
5. 회의록을 작성하여 참석자들의 사인을 받아둔다.

제3장

직장 생활, 은근슬쩍 엿보기

"나는 생산적인 갈등을 좋아한다. 그리고 사업상의 현안에 대한 최선의 결정을 도출해내는 개방적이고 진솔한 토론을 좋아한다. 만일 한 가지 아이디어가 철저히 자유롭게 이루어지는 토론에서 살아남지 못한다면 그것은 시장에서도 살아남지 못할 것이다."

01

출퇴근 시간에는
뭘 할까

지하철 5호선 3호차, 52명이 타고 있다.

남녀가 골고루 있고, 20대부터 60대까지 다양한 연령대다. 32명은 스마트폰을 보고 있고, 8명은 이어폰을 꽂은 채 눈을 감고 있고, 5명은 그냥 눈을 감고 있고, 4명은 서로 이야기하고 있으며, 3명은 초점 없는 눈길을 어딘가에 두고 있다. 스마트폰을 보고 있는 사람들은 게임을 하거나 동영상을 보거나 무슨 콘텐츠를 읽고 있다. 출근길에는 잠이 덜 깬 모습들에 부족한 수면을 채우는 듯한데, 퇴근길에는 하루의 피곤함에 지친 얼굴들이 많다.

어제 저녁 7시 반, 퇴근길에 만난 서울지하철 5호선 3호차 안에 있는 사람들 모습이다. 나는 어제 퇴근길에 대중교통 안에서 무엇을 하고 있었지?

사람들은 새해가 되면 새로운 목표를 세우고 그에 따른 계획을 짠다.

새로운 취미생활을 시작하거나 어학, 독서, 자격증 취득과 같은 자기계발을 위한 새 아이템을 작정한다. 아마 지난해에도 목표로 삼았지만 작심삼일로 실천하지 못한 채 한 해를 보낸 기억들도 함께한다. 해를 거듭할수록 계획은 좀 더 심리적 필요성을 재촉하는 것들로 채워지는 듯하다.

왜 간절한 내면의 소망을 가지고 있는 계획들인데 실행하지 못하는 것일까? 절실함이 부족한 탓일까? 잘 들여다보면 시간이 없어서 그런 경우가 많지 않을까 싶다. 새로운 계획이 지금 당장의 생존을 위한 과제이기보다는 보다 나은 삶을 위한 장기 과제이거나 풍요로운 자신을 만들어가기 위한 것들이어서, 일상으로 하던 일에 들이는 시간 외에 새로운 일을 하기 위한 시간을 만들어야 하는데 그게 그렇게 쉽지 않다.

직장인의 하루는 대개 9시 출근, 6시 퇴근이다. 물론 아직 야근이나 특근을 하는 직장인도 적잖겠지만 요즘은 그래도 정시 출퇴근이 정착되어가고 있고, 주 40시간 근무가 보편적이다.

7시에 기상하여 출근 준비하고 7시 40분쯤 집에서 나와 출근길에 나선다. 1시간 남짓 대중교통으로 이동하여 8시 40분쯤 사무실에 도착. 숨 가쁘게 일과를 마치고 6시 퇴근하여 7시쯤 집에 도착. 씻고 저녁 먹고 하다 보면 9시. 아이들 숙제를 봐주거나 뉴스 잠깐 보고나면 금세 11시. 저녁 약속이라도 있으면 정말이지 짬이 없다. 직장인에게 평일은 도무지 시간 여유가 없다.

새로운 도전을 위한 계획은 주말이나 되어야 실행할 수 있다는 건가.

주말에는 또 얼마나 다양한 일들이 기다리고 있는가. 시간이 필요하다. 더 나은 자신과 삶을 위해 제공해야 할 시간. 올 해 계획으로 꼭 읽고 싶은 책 30권을 생각하고 있다면, 한 권 읽는 데 10시간 잡고 300시간이 필요하다. HSK 5급을 목표로 회당 1시간, 주 5회, 6개월 온라인 강의를 들을 계획을 가지고 있다면 수강 시간 120시간에 자습 시간 120시간을 더해 240시간이 필요하다.

목표를 실현하는 데 필요한 시간 계획을 아무리 잘 짠다 하더라도 투입할 절대시간이 있어야 한다.

다시 지하철 5호선으로 돌아가본다.

수도권 직장인의 평균 출퇴근 시간은 전철을 이용할 경우에 왕복 2시간이다. 한 달 20일을 근무한다면 다달이 40시간을 출퇴근에 보내는 셈이다. 연간 480시간이다. 그중 활용 가능한 시간은 400시간쯤 될 것이다. **그 시간이면 책을 30권 읽을 수 있고, HSK 강의를 3번 이상 들을 수 있다.**

주말에 뭔가를 하려고 8시간쯤 시간을 낸다면 출퇴근길에 보내는 시간은 연 52주 주말 시간416시간과 비슷하다.

시간 관리가 중요하다는 것쯤은 상식이다. 시간 관리를 잘 해야 하는 이유는 시간은 모든 사람에게 평등하게 주어지지만 한정된 자원이기 때문이다. 시간 관리를 잘 하려면 해야 할 일의 목록을 우선순위별로 정리하여 일정 계획을 세우라는 방법론도 하도 많이 들어서 이제 지겨울 정도다. 누구에게나 공평하게 주어진 시간이면서도, 시간은 또한 주관적이기도 하다.

"아름다운 여자의 마음에 들려고 노력할 때는 1시간이 마치 1초처럼 흘러가지만 뜨거운 난로 위에 앉아 있을 때는 1초가 마치 1시간처럼 느껴진다."

시간을 초월한 남자 아인슈타인의 말이다. 절대적 길이의 시간은 시간을 느끼는 기분에 따라 상대적 길이로 나타날 수 있다는 얘기다. 시간 계획을 준비할 때는 '어떤 시간을 보내고 싶은가' 에 대한 스스로의 질문이 함께 있어야 한다.

이제 전철 출퇴근 시간 활용 계획을 세워본다.

출퇴근 시간의 전철은 더 이상 직장과 가정을 연결하는 이동수단만의 기능이 아니며, 나만의 차별화된 시간 관리 수단이 될 것이고, 전철은 더욱 가치 있는 삶으로의 이동을 가능하게 하는 특화된 이동수단으로 자리매김하게 될 것이다.

올해 하고 싶은 계획을 세운다. 계획 가운데 전철에서 소화할 수 있는 항목을 추려본다. 추려본 계획의 월별 분배와 함께 필요한 책이나 동영상과 같은 매개를 정리한다.

자, 이제 가장 중요한 것이 요구된다. 바로 시작하는 것이다. 시작해보면 보완할 점도 보일 것이고, 보다 효과적으로 할 만한 다른 대안도 떠오르게 된다.

02

꿈의 교육 파견,
해외지역 전문가

글로벌 프로젝트 해외지역전문가.

1992년 11월 중순 어느 날, 사내 게시판에 낯선 공지가 올라왔다.

그룹에서 추진하는 글로벌 프로젝트인 해외 지역전문가(1기)를 선발합니다.

- 파견 인원 : ㅇ 명

- 파견 지역 : 회사에서 별도 지정

- 파견 기간 : 1년

- 파견 목적 : 파견 국가의 현지화 인력 양성

- 회사는 비용만 지원하고, 일체의 준비 및 현지 미션은 스스로 진행하는 프로그램

짧고 굵은 공지였다. 낯선 제도의 공지답게 미지의 날것에 대한 느낌이 물씬했다. 이때만 해도 해외여행 자유화 조치1989년가 시행된 지 3년밖에 안 된 시기였고, 해외 배낭여행 같은 건 용어조차 생소했다. '바람

의 딸' 한비야가 오지 여행기로 유명해진 것도 1996년이었다.

해외의 특정 국가에 파견을 나가서 현지화를 목적으로 자유롭게 1년을 지낸다는 지역전문가 프로그램은 주요 언론 뉴스에 크게 소개되기도 한 파격적인 해외연수 프로그램이었다. 삼성그룹 신경영의 하나로 언론에 크게 소개되던 이 프로그램을 대할 때만 해도, 나와는 관계없는 먼 나라 이야기로만 여기고 말았다. 29세 미혼인 입사 3년차, 가슴속에서 뜨거운 기운이 훅 올라온다. 지원과 면접을 거쳐 그만 7명의 파견자로 선발되고 말았다. 11월 말에 받은 통보는 "파견 국가 인도네시아, 12월 14일 전까지 출국."

김포공항에서 자카르타 행 비행기를 타고 동지나해 상공을 날고 있을 즈음, 새삼 걱정과 흥분이 뒤섞여 있는 나를 만난다. 선발 통보를 받고서 인도네시아가 지도상 어디에 있는지 찾아보고, 발리라는 유명 관광지가 인도네시아에 속하는 위도 남위 2도에 자리한 남반구의 섬이라는 걸 알게 되었을 정도로 낯선 나라. 인도네시아어가 따로 있다는 것과 다행히도 알파벳을 사용한다는 것이 그나마 위안이 되는 파견 지역. 서점에서 도무지 인도네시아 관련 서적을 찾을 수가 없어서 말레이 인도네시아어 학과가 있다는 외국어대 도서관에서 석·박사 논문 10여 편을 찾아 복사본을 만들고 학내 서점에서 사전과 어학 관련 서적 2권을 준비한 것이 국가 정보의 모든 것이었던 나라. 2주의 짧은 준비 기간에 비자 문제, 현지 준비물, 환전 등을 숨 가쁘게 준비했다. 현지 지점이 없다 보니 은행 관련 사전 지원을 받을 수 없어 남대문 시장에서 구매한 가슴에 차는 복대에 현금 5만 달러를 쑤셔넣고, 작은 손가방 하나만 달랑 들고 오른 비행기 트랩. 내 생애 해외로 가는 첫 비행기를 타고 이륙한 지 두 시간쯤 지난 시각, 미지의 삶에 대한 야릇한 동경과 함께 당장 숙소를 어떻게 해결할지, 말 한 마디 못하는데 소통은 어찌할지 하는 걱정이 열대를 향하는 비행기의 창 밖 짙은 코발트 바다 위로 밀려온다.

저녁 무렵 자카르타 탐린 거리를 천천히 걸어가는데 인도네시아 아주머니가 MMC병원이 어디에 있는지 길을 묻는다. 어찌어찌 가면 되는지 설명해주니 고맙다고 길을 간다. 하, 외국인 내게 길을 묻다니. 그냥 가는 걸 보니 내 발음을 잘 알아들은 모양이다.

현지생활이 6개월 정도 지난 어느 날이었다. 그동안 얼마나 많은 시행착오와 좌충우돌이 있었는지. 노랗게 익어가는 망고처럼 그렇게 익숙하게 현지화해가는 자신을 본다.

직장 생활 동안 여러 유형의 교육 기회를 만난다.

크게 필수교육과 선택교육이 있다. 통상 1일 또는 2일간 진행되는 필수교육은 의무교육의 성격으로 피교육생 입장에서 별로 도움이 되지 않는 예비군 훈련과 비슷하다. 필수교육은 각 직급별 또는 조직별로 그에 맞는 가치 및 역량, 그 해에 화두가 되는 이슈, 직장인 기본 소양 등을 내용으로 한다.

직무능력 향상을 목적으로 하는 지식 및 업무역량 부분에서 필수교육은 단기, 선택교육은 통상 장기로 진행된다. 선택형 직무능력 향상 교육은 IT, 마케팅, 혁신, 디자인, 언어 등등의 분야에서 1주일에서 2년까지의 교육기간으로 다양하다. 교육방식에 따라 집합교육, 온라인 교육, 야간교육 등이 있지만 업무시간을 대체하는 교육이 대부분으로 기업 입장에서는 비용 투입이 증폭되기 때문에 선발인원이 적고 선발기준이 까다롭다.

교육은 자기 경쟁력의 강화를 목적으로 한다. 직장 생활 중 월급을 받으면서 이런 교육 기회를 가질 수 있다는 것은 큰 혜택이다. 실례로 지역전문가 1년 과정을 위해 투입되는 직접 경비가 5,000만 원 정도였다. 당시 연봉 1천만 원 수준과 비교하면 5배가 소요되었고, 간접비용까지 생각하면 훨씬 투입 비용은 크다고 할 것이다. 한 마디로 월급은 월급대로 받으면서 회사 경비로 자기 경쟁력을 강화할 수 있는 기회인데 누가 마다할 것인가.

사실 직장 생활 가운데 이런 교육 기회를 한 번이라도 잡을 수 있는 비율은 10% 내외라고 본다. 예를 들어 지역전문가를 매년 2명씩 보낸다면 직장 생활 20년간 경우의 수는 40번, 임직원 수 2,000명을 가정하면 0.2%의 확률. 희소성이 있고 효과성이 있는 기업의 역량강화 교육. 어떤 교육을 선택하고 도전하는 게 좋을까? 그리고 어떻게 하면 교육 기회를 잡을 수 있을까?

희망한다고 해서 모든 교육을 받을 수는 없다. 본인의 우선순위를 가지고 해당 교육에 대한 선택과 집중이 필요하다. 대체로 장기교육일수록 더 높은 지원 자격이 제시된다. 일반적으로 인사 고과와 어학 자격의 일정 수준이 요구되고 경우에 따라 관련 업무의 적합성이 추가되기도 한다.

"하늘은 스스로 돕는 자를 돕는다"는 우리 속담이 있다. "나는 행운이란 준비와 기회의 만남이라고 생각한다"는 오프라 윈프리의 말과 일맥상통한다. 그렇다. 기회는 끊임없이 준비하는 사람에게만 오는 법. 언젠가 내게 올 기회를 맞을 준비는 어떻게 할까?

가장 먼저 나의 커리어 패스 Career path**를 설계한다.**

지금의 직장이든 회사를 옮기든, 앞으로 직장 생활을 하는 동안 어떤 직무를 나의 주 종목으로 할 것인지와 이를 위해 어떤 업무 경험, 구체적으로 직장의 어떤 부서를 경험해나갈 것인지를 그려본다. 이렇게 커리어 패스를 설계하고 나면 각 커리어별로 필요한 역량은 무엇이 있을까 고민하여 추출해본다.

예를 들어 영업 부서에 근무한다면 지원 부서에서 기본적인 백오피스 경험을 쌓고 영업부서에서 필드 노하우를 배워서 최종적으로 전략영업 부서에서 프로젝트 영업을 구사하는 것을 커리어패스로 세울 수 있다.

이런 나만의 커리어 패스를 놓고 회사의 교육 가운데 최적의 대상을 고른다. 나의 커리어 패스 어느 시점이 가정 적합할지를 정하면, 적어도 직전 3년간의 인사고과가 평균 B 이상이고 지원 시점에 유효한 어학 최고등급의 조건을 준비해야 한다. 그리고 관련 적합도를 높여줄 요소들을 하나씩 추가하여 준비한다. 직장 생활은 자기 관리가 관건이다. 설령 해당 교육의 지원이 실패할 수도 있겠지만 또 다른 기회가 주어질 것이 분명하고, 무엇보다 주체적인 직장인의 모습으로 성장해 있을 것이다.

03

다음부터
임원 회의는 영어로

　매주 수요일 20여 명의 전사 임원과 각 임원별 선임 팀장 1명씩이 배석하여 진행하는 전사 임원 회의실. 각 부문별로 10여 쪽씩의 주요 현안들이 발표된다. 경우에 따라서는 사안별로 필요한 의사결정이 이루어진다. 서슬이 퍼렇기로 소문난 대표의 질문과 질타, 지시가 거의 대부분이다. 임원들 모두에게는 그런 대표의 질문과 질책에 적절하게 대응하는 것이 무척 중요하다. 그래서 임원들은 매주 열리는 이 회의 준비에 업무시간의 대부분을 집중한다.

　어느 날, 회의 시작된 지 1시간쯤 지난 즈음에 대표가 이야기한다.

　"여러분 모두 아시는 바와 같이 한 달 전부터 6시그마를 총괄하는 미국인 제임스 부사장이 영입되어 임원 회의를 같이하는데 옆에서 김 차장이 통역을 해주고 있지요. 아무래도 회의 내용을 겨우 이해하기 바쁘다

보니 원활한 커뮤니케이션은 안 되어 보입니다. 제임스 부사장의 빠른 적응에 애로가 많은 듯하고, 적응이 늦어질수록 회사도 손실이지 않겠어요? 그래서 다음부터는 회의 자체를 아예 영어로 진행합시다. 자료도 영어로 만들고 발표나 토의도 모두 영어로 하는 거지요. 미국 생활이 20년 넘은 최 상무와 주재원 경험이 있는 강 상무는 영어가 편할 테고, 다른 임원들도 그 정도는 문제없지요?"

순간 정적이 흐른다. 회의의 모든 것을 영어로 진행한다고? 생각조차 해본 적이 없는 일이어서 정말이지 실감이 나지 않는다. 말도 안 되는 상황이 현실로 눈앞에 닥친 것이다.

회사가 발칵 뒤집어졌다. 일단 회의 자료를 영어로 만든다. 영어 실력이 그나마 좋은 신입 사원들이 사업부별로 선발되어 번역 노역을 맡는다. 영어로 읽어야 하는 임원들을 위해 최대한 쉽고 짧게 작성한다. 영어 회의 첫날. 임원들은 간밤의 맹연습에도 불구하고, 어색하기 짝이 없는 발음을 난사한다. 영어로 해야 하니 질문이 하나도 없다. 사실 대표도 영어가 익숙지 않아서 코멘트도 안 한다. 평소 2시간 걸리던 회의가 30분에 끝난다. 대표가 짧은 영어로 이 영어 회의가 매우 만족스럽다고 한다.

어느 날, 미국인 부사장이 처음으로 질문을 한다. 순간 대표도 놀라고 질문을 받은 임원은 더 놀란다. 결국 영어가 짧아서 화를 낼 수 없는 대표 덕분에 2개월 후에 원래로 돌아왔다. 변화는 준비된 역량이 없으면 안 된다는 큰 교훈과 함께. 그나마 유일한 성과는 덕분에 회의 시간이 짧아지고 회의 자료가 줄어든 것이다.

영업부 회의 시간. 지난달부터 영업 실적이 매우 안 좋다. 부서원이 모두 사업부장에게 크게 깨진다. 상황이 이런데도 도무지 대책이 없다고 난리다. 내일 아침에 회의를 다시 연단다. 각자 실적 개선 30% 만회 대책을 준비해서 참석하라고 호통을 치며 자리를 박차고 나간다.

'그 대책, 있었으면 진작 말했지.'

이렇게 자조하며 웅성웅성 회의실을 나선다. 이런 상황이면 리더인 사업부장이 대책안을 제시해주면 안 되나. 도대체 어떻게 해보라는 건지 방향 제시도 없으면서 무조건 닦달만 해댄다. 자기도 없는 걸 직원들을 닦달하면 나온다고 생각하는 직장 생활의 현실에 머리가 지끈거린다.

연말이 되면 어김없이 내년도를 위한 회사의 전략회의가 있고, 각 사업부별로 기존 비즈니스에 대한 사업 전략 외에 '신규 사업 아이템 개발'이라는 큰 테마를 항상 준비해야 한다. 대부분 2~3개의 아이템이 선정되어 왔다. 대표가 가장 관심 있어 하고, 또 채택이 되면 담당 사업부는 인력, 자금 등 여러 방면으로 큰 지원을 받을 수 있을 뿐 아니라, 무엇보다 승진에 영향이 커서 누구든 신경을 곤두세우는 분야다. 사업부 내에서는 여러 모양의 경품을 걸고 아이디어 경진대회를 하는데, 팀별로 하나씩 출품하는 방식으로 경진대회가 진행된다. 3년 전 좋은 아이디어가 있어서 며칠을 밤새워 준비했는데, 사업부 예선에서 보기 좋게 떨어진 이후로 관심이 없어졌다. 같은 부서 선배가 "경진대회에 참여했다"는 말이라도 들어야겠다고 내 아이디어를 이름만 바꾸어 제출했는데, 아뿔싸! 회사의 최우수 전략 과제로 선정되었다. 선배의 미래가 확 바뀌었다.

어느 날 팀장이 부르더니, 다음 주에 있을 입찰 제안서를 준비하라고 한다. "대형 건이라서 시간도 부족하고 양도 많아서 준비가 만만치 않을 것"이라는 염려 섞인 격려가 함께 전해진다. 4일간 퇴근도 못하고 열심히 준비해서 팀장에게 보고했다. 그런데 "어, 수고했네. 근데 이거 입찰 참여 안 하기로 어제 전무님 보고 시 결정했다"고 담담하게 말한다. 이런 제기랄.

신상품 론칭 전략에 대한 대표 보고가 두 차례나 크게 깨졌다. 본부가 발칵 뒤집혔다. 대안을 위해 고민하더니 자체 역량 부족으로 판단하고 급히 컨설팅을 받기로 했다. 컨설팅사의 전문 인력들과 10여 일을 꼬박 검토하여 멋진 보고서를 들고 대표 보고를 갔지만 다시 터졌다. 도대체 의도를 이해하지 못한다는 것이다. 대표의 의도는 뭘까? 그 의도를 몰라서 만날 깨지면서도 왜 그걸 물어보지 않는 걸까?

"사장님, 저희가 부족해서 사장님의 의도를 이해하지 못하고 있습니다. 사장님의 생각을 설명해주시지 않겠습니까?"

이렇게 시원하게 물어보면 좀 좋아. 서로 시간도 아끼고 정력도 아끼고. 그 순간을 회피하기 위해 다시 고민해서 보고 드리겠다며 그냥 물러나오고 만다. 이제 어떻게 하지? 이런 사람들이 새겨들을 말이 있다. 성공한 기업인 카트리나 페이크가 그랬다지, 아마.

"사람들은 자주 엉뚱한 것에 열심이다. 열심히 하는 것보다 더 중요한

것은 올바른 것에 노력을 기울이는 것이다."

직장 생활에는 갖춰야 할 준비된 역량이 있다. 인정받는 직장인의 3요소로 역량, 열정, 소통 및 협업을 꼽는다. 그리고 직장인의 역량은 크게 문제 해결 능력, 비즈니스 커뮤니케이션 능력, 그리고 빅 픽처 이해 능력을 들 수 있다. 직장에서 인정받고 싶지 않은 사람이 누가 있겠는가.

직장 생활을 하면서 "요점만 간단히 말해보라"거나 "대체 무슨 말을 하고 싶은 건지 모르겠다"는 식의 말을 자주 듣게 된다. 때로는 "당신 잘하는 게 뭐야?" 같은 말도 듣게 된다. 역량 개발을 해야 하고, 소통 능력을 키워야 하고, 협업 능력을 키워야 한다고 한다. 무엇을 어떻게 해야 하는가?

객관적 역량과 능력을 사전적으로 정의하기는 어렵다. 내가 속한 조직이 다르고 내가 하는 업무가 다르기 때문이다. 그래서 그 구체적인 해결 방법 또한 어려울 수밖에 없다.

직장에서 역량이 뛰어난 사람, 소통 능력이 훌륭한 사람, 협업 능력이 좋은 사람을 찾아본다. 대부분은 저마다 다른 사람이다. 그만큼 다 잘하기 쉽지 않다는 의미다. 각 분야를 다섯 가지 항목으로 구분해본다. 각각 잘 하는 사람과 나를 비교해 본다. 무엇이 다른가?

구체적으로 비교 항목을 정리해보고, 할 수 있을 항목을 뽑아서 실천해본다. 이런 노력이 쌓여 해를 거듭할수록 나의 역량이 되어간다.

04

약속 시간의
주인공이 되는 15분 철학

"(전화) 아, 차장님. 4시 미팅을 위해 택시를 탔는데 지금 한남대교 위가 완전 정체 상태네요. 교통사고가 났는지 차가 꼼짝 못하고 있습니다. 죄송합니다만 조금 늦을 듯해서 연락드립니다. 도착하는 대로 전화 드리겠습니다."

"(문자) 이사님, ○○○입니다. 만나기로 한 한림식당이 신사동에 있는 한림식당이지요. 제가 착각하고 강남역 한림식당으로 왔습니다. 죄송해요. 택시 타고 부지런히 가겠습니다."

"(카카오톡) 팀장님, 3시 회의에 참석해야 하는데, 앞에 잡혀 있던 외부 미팅이 늦어져서 출발이 연달아 늦었습니다. 3시 15분쯤 도착합니다. 죄송합니다."

직장 생활을 하면서 몇 번씩은 이런 대화 경험이 있을 것이다. 떠올리고 싶지 않은 기억이다. 보통은 일부러 약속시간에 늦는 사람은 없다. 약속시간에 늦어서 죄송하다고 연신 머리를 숙이는 일을 좋아할 사람이 누가 있겠는가.

약속 시간에 늦는 사람은 습관처럼 늘 늦는다. 핑계는 다양하다. 그러나 누구나 약속 시간에 늦지 않는 방법을 잘 알고 있다. 지킬 의지가 없는 것이지 방법을 몰라서 어기는 게 아니다. 길이 막힌다는 건 핑계가 될 수 없다. 늘 막히는 길이니, 그것까지 감안해서 출발하면 늦을 일이 없다. 정말 지킬 의지가 있다면, **대중교통을 타든 자가용을 타든 돌발 상황에 대비해서 30분쯤 일찍 나서면 된다. 다들 그렇게 해서 약속 시간에 늦지 않게 도착하는 것이다.** 약속 시간을 칼 같이 지키는 사람이라고 내릴 전철역을 지나치거나 잘못 갈아타거나 하는 일이 왜 없겠는가.

그 약속을 중요하게 여기고, 내가 늦으면 먼저 도착한 많은 사람들이 피해를 보기 때문에 늦지 않도록 노력한 것이다. 워털루 전쟁의 영웅 넬슨 제독은 약속 시간을 잘 지키기로 유명한데, 그는 그것을 자신이 성공한 요인으로 꼽았다.

"내가 성공한 것은, 어느 때이건 반드시 15분 전에 도착한 덕택이다."

인도네시아어에 'Jam karet' 고무줄 시계라는 표현이 있다. 고무줄처럼 시간 개념이 쭉쭉 늘어난다는 의미로, 시간이란 '적당한 그 무렵 정도'로 이해하는 국민 정서로 인해 태어난 말이다. 약속 시간에 늦어도 별로 미안해하는 기색이 없다.

인도네시아 팔렘방에서 자카르타로 이동하는 비행기를 타기 위해 공항에 갔다가 출발시간이 지났는데도 지연된다는 방송도 없이 늦어지더니 무려 5시간 후에야 탑승한 경험이 있다. 그런데 비행기 출발시간이 안내도 없이 마냥 늦어지는데 아무도 항의하지 않는다. 탑승을 대기하는 승객들 표정이 아무 일도 없다는 듯 차분하다. 다들 탑승이 늦어지는 건 그럴 만한 사정이 있어서겠지 하고 여기는 듯하다. 시간 개념이 달라서 그런 걸까?

사실 칸트의 '시간' 덕분에 엄격한 것으로 알려진 독일도 산업화 전에는 시간을 지키지 않아 게으르다는 소리를 들었고, 프랑스에서는 식사 초대를 받으면 알려준 시간보다 5~10분쯤 늦게 가는 것이 매너로 통했다. 스페인의 '마냐나manana'는 직역하면 '내일'이지만 곧이곧대로 들으면 안 되는 단어이고 보면, 스페인 내전에 참전했던 조지 오웰이 '스페인 타임'을 체험하고 느낀 문화 충격을 〈카탈로니아 찬가〉에 묘사했던 이야기도 낯설지 않다.

러시아 역시 약속 시간을 잘 안 지키기로 유명하다. 러시아 대통령조차 정상회담에 늦었다는 뉴스를 종종 보지 않는가. 아랍인들이 약속을 미룰 때 쓰는 'IBM'이 있다. Inshallah신의 뜻대로, Boqra내일, Ma 'alish안됐지만'이다. 아랍인들도 무슨 약속을 하든 느긋하다고 한다.

약속 시간 준수는 문화적 환경에 따라 차이가 있다. 오늘날 비즈니스 환경에서 약속 시간은 어떤 의미일까. 약속 시간을 지키는 것은 상대방에 대한 존중이며, 그것이 쌓이면 신뢰관계가 형성된다. '약속 시간을 잘 지키지 않는 사람'은 뭔가 신뢰하지 못할 사람이라는 표현으로 들린다. 시간 약속에는 반드시 상대방이 있고, 일방이 지키지 않는 시간은 상대방에게 시간을 허비하게 하는 것이다. 그러나 5분을 지각함으로써 잃은 5분의 시간보다 '배려도 존중도 모르는 못 믿을 사람'이라는 딱지가 치명적이다. 시간 약속은 이렇듯 타인이 나를 평가하는 중요한 기준이 된다는 점에서 매우 중요하다. 약속을 어김으로써 받는 가장 혹독한 형벌은 아무도 그를 믿지 않게 된다는 것이다.

그러므로 시간 약속은 가급적 지켜야 하는 것이 아니라 반드시 지켜야 하는 것이다.

첫째는 일과 계획을 수립할 때 시간 여유를 충분히 확보해야 한다. 해야 할 일이 많아서 촘촘히 짜인 일과 계획은 대부분 어그러지기 쉽다. 의욕은 좋지만 실행하지 못한 경험이 있다면 일과 계획부터 다시 검토할 필요가 있다. 각 일정 사이에는 적어도 10분 이상의 예비시간을 두어야 한다.

둘째는 이동이 필요한 약속의 경우 이동 시간을 최대한 넉넉히 잡는다. 가령, 시청역에서 강남역으로 가는 데는 여러 교통수단이 있는데, 그 중 시간 변수가 가장 적은 전철을 타면 좋겠지만 불가피하게 다른 교통수단을 이용해야 한다면 시간 변수를 충분히 고려하여 소요시간을 잡아야 한다.

셋째는 출발하기 전에 상대방에게 문자로 '몇 시 무슨 약속 때문에 어디로 만나러 간다'는 메시지를 보낸다. 상대방이 약속을 잊고 있을 수도 있고, 내가 약속 내용을 잘못 알고 있을 수도 있으므로 확인하는 차원에서 반드시 그렇게 해야 한다. 게다가 내가 이 약속을 매우 소중하게 여기고 있다는 것을 상대방이 은연중에 느끼도록 하는 역할도 한다.

넷째는 도착시간을 앞의 넬슨처럼 15분 전에 맞춘다. 10분도 괜찮다. 3시 약속이라면 2시 45분 또는 50분 약속이라고 생각하는 것이다. **이 15분은 단순히 약속 시간에 늦지 않기 위한 여유를 갖는 것 이상의 시간이다.** 화장실에 들러 용모나 옷매무새도 점검하고, 대화를 나누기 좋은 자리를 미리 잡아 기다리면서 대화를 어떻게 자연스럽게 풀어나갈지 화제도 생각하는 중요한 시간이다. 그날 미팅의 성패를 좌우하는 시간. 그래서 넬슨이 자신의 성공은 늘 15분 전에 도착한 덕분이라고 한 것이다.

만약 약속 장소가 상대방의 자택이나 사무실이라면 미리 도착했더라도 초인종은 1분 전에 누르는 것이 좋다. 내가 미리 도착했다고 해서 상대방만의 시간을 방해하는 것은 실례다.

여기서 간과하지 말아야 할 것은 자기 자신과의 약속이다. 대개 타인과의 약속은 잘 지켜도 자신과의 약속은 쉽게 넘기는 경향이 있다.

"자신과의 약속을 잘 지키는 사람이 타인과의 약속도 잘 지킨다."

평소 약속을 잘 지키기로 유명한 앤드류 카네기가 할 말이다. **다른 사람들로부터 인정받는다는 것은 그만큼 자기 관리를 철저히 하는 사람들에게 주어지는 선물이다.** 자신과의 약속은 과거의 나도 아니고, 미래의 나도 아니며, 바로 약속을 실행해야 할 현재의 나이기 때문에, 타인과의 약속처럼 자신에 대한 존중이고 신뢰다.

자신과의 약속을 지켜 나가다 보면 자신을 향한 신뢰의 통장도 점점 늘어나지 않을까.

05

가장 열심히 일하는
우리 대리님

[주임] "이사님, 지금 물류 시스템에 장애가 생겨 난리입니다. 이사님께서 직접 보시는 게 좋겠습니다."

[대리] "이사님, 물류 시스템에 장애가 발생했는데 원인은 파악 중이지만 일단 급하게 물류팀에서 전화로 대응하고 있습니다. 제 생각으로는 장애가 계속된다면 실제 운송과 연계해서도 문제가 발생할 수 있으니, 비용이 들더라도 지금 시스템 개발 회사를 빨리 불러서 조치하게 하는 게 좋을 듯합니다. 30분 이내로 결정해주시면 대응하겠습니다."

직장에서 흔히 접할 수 있는 주임과 대리의 보고 방식 차이다. 당신이 이사라면 사고 보고를 하는 부하직원 가운데 누가 더 믿음직하겠는가?

주임, 대리, 과장, 차장, 부장, 임원으로 이어지는 직장에서의 직급.

조금 독특한 직급이 '대리' 다. 흔히 대리라는 명칭은 ○○ 직무대리, ○○○ 장관대리와 같이 흔히 ○○을 대신하여 임시로 업무를 수행하는 사람을 부르는 명칭인데, 직장에도 대리라는 직급 명칭이 사용된다. 원래 의미는 '과장을 대신하여 얼마든지 일을 처리할 수 있는 직급' 이라는데, 우스갯소리로 '사장 대리' 라고 부른다. 그만큼 대리의 직급은 남다르다.

직장에서 대리는 4~8년 차 정도에 해당한다. 적당한 실무 경험을 바탕으로 회사 업무에 대한 실질적인 실행 리더이자, 후배 사원들을 이끌어주는 위치로, 행동대장 격인 자리가 바로 대리다. 신입사원 시절에 바라봤던 대리님들을 떠올리면, 연륜과 실력에 더하여 관리자들과도 가끔 맞장을 뜨는 멋진 대리님들이 있지 않았나.

회사에서 부사장이나 전무와 같은 임원들을 보고 끼리끼리 이야기할 때 '이 대리' 니 '김 대리' 니 하는 경험들이 있을 것이다. 회사 안을 둘러보자. 자기 자리에 걸맞지 않은 일을 하고 있는 사람들이 꽤 많다. 직급은 대리인데 전무로 불리는 사람, 그 반대로 직급은 상무인데 대리로 불리는 사람이 있다. 바로 직급이 변하면 요구되는 역량도 달라져야 한다는 뻔한 진리를 외면하고 있어서 그렇다. 아무튼 이럴 때마다 대용되는 직급이 바로 '대리' 다. 어쩐지 직장을 언급할 때 '대리' 는 없어서는 안 될 존재임에 틀림없다.

직장에 입사하여 첫 승진 자리가 바로 대리다. 첫 승진의 기쁨이야 말로 형용할 수 없다. 대리가 되면 회사 안에서 무서울 게 없다. 실무에서 모르는 거 없고, 회사 내에서 무슨 일이 벌어지더라도 별반 당황할 일도 없다. 나보다 더 잘 아는 사람이 없다는 자신감이 가득하다. 설령 사장이 지시하는 것이라도 '내가 안 된다면 안 되는 거야' 하는 객기까지 가득 들어찬다. 가끔은 물렁물렁한 간부들에게 멋진 활극을 펼치기도 한다. 정말 간지난다.

상사들도 대리에게 업무를 지시할 때가 젤 마음 편하다. 업무를 추진하다가 문제점이 있더라도 스스로 해결책을 제시할 줄 알고, 다른 부서의 도움이 필요해도 알아서 잘 처리해가는 능력이 있기 때문이다. 대리급은 충분히 회사 인맥과 경험을 통해 해결능력을 갖고 있다고 생각한다.

그런데 대리라고 다 같은 대리가 아니다. 진급 1~3년차의 풋내기 대리가 있고, 4~6년차의 노련한 대리가 있다. 이 둘은 결이 다르다. 패기와 자신감 넘치는 풋내기 대리는 3년을 지내면서 비로소 직장을 보게 된다. 만만하게 보고 타박하던 직장의 문제점들이 실타래처럼 엮인 관계들 가운데서 보이기도 하고, 우스워 보이기만 했던 과장들의 애환이 남 일처럼 느껴지지 않는다.

직장인의 직급별 만족도 조사 결과를 보면 '만족'은 5~10년의 대리를 지나면서 급격히 상승하는 우상향 현상을 보이는데 반하여 '불만족'은 5년차인 대리 초임을 정점으로 증가 후 하락세를 나타내는 종형 현상을 보인다. 세부적으로 보면 직무 전환 희망에 대한 응답 역시 비슷한 현상을 나타내고 있는데, 결국 업무에 대한 익숙함이 직장 생활 전반에 대한 만족도와 밀접한 연관이 있음을 의미한다.

업무의 자신감이 스스로 조절할 수 있는 능력을 높이면서 업무 자율성과 스스로 부여하는 업무의 유의미성이 직장 전반의 만족도를 상승시키게 된다. 직장 만족도와 개인 행복지수가 밀접한 상관관계가 있음을 생각할 때 환경 요인도 중요하지만 업무 숙련이 필요한 일정 기간의 자기 노력이 결국 단단한 자기만족의 기반이 된다는 사실을 알 수 있다.

〈미생〉이나 〈막돼먹은 영애 씨〉 같은 드라마에는 직장 내 대리의 애환 이야기가 많이 나온다. 희극적 부분이든 비극적 부분이든 대리의 역할을 하는 배우가 주는 페이소스가 시청자의 공감을 불러일으킨다. 한 출연 배우의 인터뷰 내용이다.

"전에는 퇴근 후에 저녁 겸 해서 술 드시는 분들을 볼 때는 그냥 지나쳤다. 그런데 '대리'를 연기하면서 허투루 보이지 않는다. 하루의 일과를 마치고 한잔 술로 달래지 않으면 무슨 낙이 있을까. 웃고 떠드는 것을 보면서 저들의 피곤함을 느낀다. 그리고 삶의 굵은 조각을 보게 된다."

직장의 중심인 이 땅의 모든 대리님을 응원한다. 아자!

06

대표님이 보드판을
가져오라고 하는 뜻은

"똑똑."

대표실을 조심스럽게 노크한다. 팀장으로서 대기업에서 회사생활을 하는 동안 대표에게 단독 보고하는 기회는 흔치 않다. 대표 보고는 대부분 중간 단계의 임원들을 통해 진행되고, 잘해야 임원 동반 보고 정도다.

당시 보고 환경은 5년간 지속해오던 회사의 큰 전략 방향을 수정하자는 영업 부문의 의견에 대해 리스크 관리조직 간에 의견 충돌이 반복되는 상황이었다. 단독 보고를 들어가게 된 이유는 몇 차례의 수정 검토가 이루어지면서 실질적인 의견 검토를 총괄하는 팀장이 직접 보고하라는 대표의 지시에 따른 것이다.

사실 대기업에서 발생하는 보고서는 담당 팀장이 세부 디테일을 가장 잘 안다. 통상 팀장이 각종 조사와 리뷰를 직접 총괄하면서 전략 방향을 수립하고 보고서의 틀을 만드는 실무 책임자이기 때문이다. 보고를 받는 임원들은 큰 틀에서 방향을 리뷰하고 의견을 제시할 수밖에 없어서 디테일에는 취약하다. 중요한 사안인 만큼 몇 번의 부문 간 배틀이 진행되었고, 영업 부문의 최종 검토 보고를 팀장이 직접 보고하라는 대표의 지시가 있던 직후의 보고 자리다. 영업 부문이나 리스크 관리 부문의 임원들과 직원들을 포함하여 회사 내 많은 조직이 대표실 밖에서 긴장감 속에 대기하고 있다. 대기업의 대표실은 크고 멋진 오피스 룩을 가지고 있다. 들어서면 일단 긴장감도 들고 자연스레 위축되기도 한다. 하물며 대표에게 단독 보고하는 중요한 보고 자리가 어찌 긴장되지 않을 수 있을까. 2개월 동안 매달려 몇 차례의 보고가 계속되어 오던 터다. 특히 최근 3일간은 퇴근도 못한 채 책상에서 쪽잠으로 버텨서 지친 육신에 날선 긴장감만 한없이 팽팽하다. '길어야 30분'이라고 속으로 되뇌어보며, 평소 버릇처럼 1시간 뒤면 편안하게 늘어져 있을 스스로의 모습을 상상한다.

"어때?"

짧은 질문만큼이나 강한 결론을 대표가 먼저 요구한다. 윗사람들은 대개 그렇다. 깊게 심호흡을 한다.

"영업 부문의 검토 방향이 맞습니다."

소파에 깊게 몸을 파묻고 있던 대표가 허리를 세운다. 이제 시작이다. 잔뜩 가지고 간 여러 자료 묶음을 든 손에 바짝 힘이 들어간다.

여러 질문에 많은 기초 데이터와 각종 비즈니스 모델과 프로세스 설명이 복잡하게 전달된다. 구두 설명이 서로의 이해를 일치시키는 데 한계를 느낄 즈음, 대표가 비서를 부른다.

"보드판 가져오라고 해."

뜬금없는 지시에 비서도 놀란 표정으로 서둘러 총무 팀에 연락해서 보드판을 준비한다. 보드판이 들어간다는 상황 중계에 바깥에서 긴장하던 임직원들은 얼마나 놀랐을까. 보드판은 칠판이다. 실무 회의 시 프로세스나 여러 현황을 종합할 목적으로 참석자들의 공감대를 위해 사용하는 매개체다. 일반적으로 회의실에 가면 독립적 보드든, 벽면 형식이든 필수 비품이다. 그러나 대표실에서는 보드판이 사용될 일이 거의 없어서 대표실에는 보드판이 비치되어 있지 않다. 보드판에 적어가며 복잡한 설명을 이어가던 중 대표가 펜을 달라더니 직접 쓴다. 다른 부분이 있어서 펜을 달라고 하여 대표가 쓴 부분을 일부 수정한다. 어느새 각자의 와이셔츠 소매는 걷어붙여졌고, 서로 펜을 잡겠다는 난리가 이어진다. 그야말로 난상토론이다. 마침내 대표가 펜 뚜껑을 닫더니 휙 던져버린다.

"좋아, 영업 부문 의견으로 가자!"

끝났다. 대표실을 나오니 들어간 지 두 시간이 지났다고 알려준다. 긴장이 풀려 기진맥진할 것이라는 생각과 달리 온몸에 지금까지 느껴보지 못한 팽팽한 긴장감이 전율처럼 흐른다. 참 멋진 대표다. 문득 경영의 귀재라는 잭 웰치의 말이 생각난다.

"나는 생산적인 갈등을 좋아한다. 그리고 사업상의 현안에 대한 최선의 결정을 도출해내는 개방적이고 진솔한 토론을 좋아한다. 만일 한 가지 아이디어가 철저히 자유롭게 이루어지는 토론에서 살아남지 못한다면 그것은 시장에서도 살아남지 못할 것이다."

07

이승엽의 순간
"추운데 아이들 주세요!"

2002년 11월 8일. 한국시리즈 5차전이 열리는 잠실은 무척 추웠다. 역대 한국시리즈 가운데 가장 추운 날씨라고 했다. 그해 여름 내내 온통 한반도를 '필승 코리아'로 붉게 물들였던 월드컵의 여파로 프로야구 일정이 늦어진 탓이기도 했다. 3루석 외야 맨 앞자리 표 4장을 어렵게 구했다. 아내와 나, 다섯 살, 네 살짜리 두 아들, 이렇게 네 식구가 구경을 갔다.

경기 시작 1시간 전에 도착했는데, 추워서인지 관중석은 아직 텅 비었다. 아이들에게 겨울 파카에 털모자까지 씌웠는데도 바람이 센 탓에 무척 추웠다. 외야에는 몸을 푸는 삼성 선수들이 몇몇 있을 뿐 찬바람 부는 야구장은 을씨년스럽다. 선수들도 손이 곱은지 자꾸 뒷주머니로 손이 들어간다. 한참을 롱 토스 연습을 하고는 선수들이 라커로 향한다. 아직도 우리 가족 외에는 주변에 자리 잡은 관중이 없다.

그때 라커로 향하던 삼성 선수 한 명이 외야 쪽을 향해 다시 돌아온다.

깜박 놓고 간 물품을 가지러 오나보다 했다. 그런데 우리 가족에게 오더니 그물망을 들고 밑으로 뭔가를 전한다.

"추운데 아이들 주세요."

받고 보니 핫팩 두 개다. 추위에 언 손을 녹이려고 운동복 뒷주머니에 하나씩 넣어놓은 핫팩이다. 갑작스러운 일이었다. 무척 고맙다. 모자를 푹 쓰고 있어서 누군지도 모른 채 감사 인사를 전했다.

돌아서서 가는 등에 새겨진 선수 이름을 보았다. '이승엽'이다. 그는 그때 이미 홈런왕을 두 번이나 차지한 대스타였다. 주변에는 카메라도 관중도 없었다. 그런데도 라커로 가던 길을 일부러 되돌아와서 자기가 쓰던 핫팩을 전해준 것이다. 마음 깊은 곳에서 나오는 진심이 아니면 그럴 수 없다. 이런 모습이 바로 진정한 스타의 면모다. 만약 이승엽 선수가 겸손하지 못했다면 다른 사람을 먼저 생각하는 그런 따뜻한 마음이 우러나지 않았을 것이다. 릭 워렌 목사가 겸손에 대해 한 말이 이승엽 선수 덕분에 새삼 가슴에 와 닿는다.

"겸손이란 자기 자신을 낮추는 것이 아니라 자신을 덜 생각하고 남을 더 생각하는 것이다. 겸손 없이 다른 사람들을 이끌고 격려하는 것은 불가능하다."

인간성이란 '인간다움, 인간을 인간답도록 하게 하는 본질'이다. 인간성을 어떻게 규정하느냐의 문제는 때와 장소에 따라 다르다. 〈타임〉지가 20세기 가장 영향력 있는 순수 철학자로 꼽은 비트겐슈타인은 그의 저서 《논리철학 논고》에서 인간성이 상실된 오늘을 향해 "현대는 암흑

시대"라고 단언한다.

현대사회에서 인간성을 상실하고 비인간화되는 원인을 인간의 왜곡된 기술 의식에 의한 기술 지배와 정보화 사회가 초래한 소통의 부재라고 한다. 그리고 이를 극복하는 길은 인간의 존엄성을 지키고 사회 윤리의 근본 원리인 공동선, 연대성, 정의의 구현에서 찾아야 한다고들 한다.

한 채용 관련 사이트에서 인사담당자 419명을 대상으로 한 설문조사 가운데 "가장 뽑고 싶은 지원자 유형은?"이라는 질문에 42%가 "밝고 예의 바른 사람"을 첫째로 꼽았다. 이어서 "자신감 넘치는 사람" 18%, "직무 이해가 높은 사람" 18%, "경험이 많은 사람" 13% 순이었다. 인성을 가장 중요하게 본다는 것이다. "채용 시 인성부터 보는 이유"에 대해서는 "적응을 잘 할 것 같아서"가 압도적으로 높은 51%의 비율로 선택되었다. 업무 능력과 재능도 중요하지만 인성과 성품 또한 중요하게 생각되고 있으며, 인성이 회사생활에 끼치는 영향력을 매우 크게 보고 있다는 점을 시사한다. 비즈니스도 사람과 사람 간에 이루어지는 일이기에 인간적 신뢰감을 줄 수 있는 사람, 인간적인 공감능력을 보유한 사람이 요구된다고 이해하는 것이다. 취업을 준비하려고 인성을 준비하는 사람이 있을까? 우리는 인성 있는 사람으로 보이는 스킬을 연구하고 연마할 뿐이다. 그러나 일단 취업의 문턱을 넘어서면 개인의 인성은 모조리 까발려진다.

직장 생활에서 인성은 언제 어떻게 자연스럽게 드러날까.

사무실에 출근할 때 먼저 온 부서원들과 "좋은 아침입니다"라고 인사말을 섞거나 "먼저 퇴근하겠습니다. 수고하십시오"와 같은 말들은 형식적이어서 싫다. 뭐 하러 쓸데없이 입 아픈 말들을 할까. 그냥 조용히 앉아서 일하고, 내 일 다 했으면 조용히 퇴근하면 되지. 사무실 내에서 지나다닐 때 굳이 친하지 않은 직원들과는 아는 체하지 않는다. 눈웃음으로 아는 체하는 것조차 부질없어 보인다. 피곤한 일이다.

같은 부서의 이 대리가 며칠째 야근이다. 어떤 날은 날을 꼬박 샌 듯도 하다. 어느 날 김 주임이 뻐꾸기를 날린다.

"이 대리님, 제가 뭐 도와드릴 일이 있으면 주세요."

도와줄 일이 없다는 걸 뻔히 알면서 쓸데없는 말을 건넨다. 그러다 진짜 이거 좀 도와달라고 하면 깜짝 놀랄 텐데. 그냥 조용히 가주는 게 도와주는 것 아닐까. 왜 부질없는 말을 하지? 사무실 내 공동시설인 탕비실 바닥에 못 보던 박스 몇 개가 널부러져 있다. 누군가 버린 쓰레기 같다. "에이, 지저분하게……" 하고 인상을 쓰며 그냥 지나친다. **직장 내 접점의 시간에서의 행동을 우리는 매너라고 부른다.** 영화 〈킹스맨〉에 "매너가 사람을 만든다"는 명대사가 나온다. IT 기술의 발달, 근무 시간 단축, 수평적 회사 문화 강조 등의 흐름에 따라 직장 매너도 달라지고 있다.

인간人間은 '사람人'의 '사이間'라는 뜻이다. 사람은 '인간'으로 존재할 수밖에 없다. 수많은 사람과 더불어 살아가도록 만들어진 것이다. 사람이 사회적 동물인 만큼 다른 사람들에게 어떤 영향을 주는가에 따라 나의 인간성이 결정된다.

함께 만들어가는 직장의 구성원인 나는 남을 먼저 생각하는 직장인이 되기 위해 노력할 필요가 있다. 그것이 바로 나를 위한 일이기도 하다.

08

'내 경험이 세상의 전부' 라는
일반화의 오류

경쟁사의 블루투스 스피커 신상품 품평회가 열리고 있는 대회의실.

"어떤지 의견들 들어봅시다."

"블루투스 스피커는 아시다시피 음역대별 출력량과 가청거리가 관건 인데 기존 제품 대비 출력량의 개선은 눈에 띄지만 가청거리는 크게 개 선되었다고 보기 어려워 시장에서 높게 평가받기는 어렵지 않을까 싶습 니다."

"지난번에 우리 제품을 출품했을 때 앞서 두 가지 부분에서 호평을 받 은 덕분에 크게 성과가 있지 않았습니까. 그다지 우려하지 않아도 되리 라 봅니다."

"사실 출력량도 개선도가 현저히 높지는 않습니다."

"전체적으로는 경쟁사 신상품에 대해 그렇게 긴장하지 않아도 된다는 거군요."

며칠 후 경쟁사의 광고가 매체에 대대적으로 노출되는데 슬로건이 색다르다.

"스피커를 입다. 이제 블루투스 스피커는 패션이다."

그러면서 광고는 최근 가장 핫한 아이돌 그룹이 블루투스 스피커를 장착하고 공항을 지나는 컷을 내보낸다. 패션의 현주소로 각광받는 공항패션으로 경쟁사의 블루투스 스피커 제품이 노출된다. 경쟁사는 디자인으로 신상품 콘셉트를 준비했는데, 블루투스 스피커의 실용성 측면이 강조되어 오다 보니 그저 출력량과 가청거리가 중요하다고 생각하는 일반화의 오류에 빠진 것이다.

일반화의 오류는 참 오래된 논리학 명제다. 그러면서도 우리는 쉽게 일반화의 오류에 빠지게 되는데 직장에서도 예외 없이 흔하게 나타나는 오류다.

어느 날, 김 과장이 새로운 비즈니스 모델을 추진하겠다고 하여 사업부 평가회에 참석한 적이 있다. 사업부장과 여러 팀장들, 그리고 간부 몇몇이 자리를 함께했다. 대표가 신사업 모델 개발을 매우 강조하고 있어서 사업부 내에서는 자체로 평가회를 매주 열고 있었고, 누구나 자유롭게 제안자로 참여할 수 있도록 하고 있다. 채택될 경우 프로젝트팀을 구성할 수 있는 권한과 필요한 자금 지원도 받을 수 있으며, 성과 인센티브까지 크게 걸려 있어서 사내 직원들 간에 모처럼 큰 관심을 모으고 있었다. 김 과장이 30분에 걸쳐 발표를 마치고 참석자들과 질의응답을 할 시간이었다.

"김 과장, 지난번 김 과장이 추진한 W 프로젝트에 투입된 비용이 얼마였지요?"

"3억 정도였습니다만."

"당시에 김 과장이 너무 자신해서 믿었는데, 비용 회수 정도는 했던가?"

"죄송합니다. 1억 정도만 회수되었습니다."

"그전에도 김 과장이 추진하던 일들을 보면 김 과장은 자기애가 센 거같아. 왜 프로젝트를 추진할 때 보면 실패를 염두에 두는 가정이나 경우의 수에 대한 고민이 없는지 모르겠어. 이번에도 그런 리스크 체크리스트 같은 건 안 보이던데. 자신 있는 거지요?"

"……."

모 팀장의 발언으로 이번 김 과장 프로젝트는 부결되었다. 일반화의 오류가 적용되었다.

김 과장은 자기애가 강하다, 그는 경우의 수를 생각지 않는다, 김 과장의 프로젝트는 실패했다, 이번 프로젝트에도 리스크 체크는 없었다, 그러므로 이번에도 강한 자신감을 보이는 김 과장이 실패할 것이다…….

직장에서 사람을 평가할 때나 일상적인 대화 가운데서 일반화의 오류가 많이 나타난다. 누가 일류 대학을 나왔다고 하면 일을 잘할 것 같다는 관대한 잣대를 쉽게 적용하고, 옷차림이나 말투에서도 그런 경향을 종종 보인다. 운전할 때 경적을 몇 번 울리면 성격이 급한 사람이 되고, 술을 잘 못 마시는 사람은 사교성이 부족한 사람이 되어버리곤 한다.

타인의 관점과 자신의 관점에서 이 오류에 대해 접근해본다.

타인의 관점이란 **다른 사람이 내게 부정적 인식을 가짐으로써 나를 평가하는 데 부정적 영향을 주는 오류를 사전에 줄이는 것이다.** 자신의 이미지 메이킹을 말하는 것인데, 많은 시간이 필요하다. 축적된 인식을 위해서는 습관화되어야 하고, 무엇을 대상으로 할지 정해본다. 말투일 수도 있고, 표정일 수도 있고, 일하는 방식일 수도 있다. 내가 가장 신경이 쓰이는 것을 먼저 정하고 노력한다.

자신의 관점은 **일상생활에서부터 오류를 찾는 연습을 통해 자신이 일반화의 오류에 빠지지 않는 시각을 가져보는 것이다.** 광고는 상품의 이미지를 긍정적으로 보이기 위해 사실을 교묘하게 왜곡하거나 과장하는 경우가 많기 때문에 매우 적합하다. 거리의 간판이나 매체 광고들을 보며 논리적 오류를 찾아보는 게임을 스스로 계속해보면 논리의 힘을 느끼게 된다. 이러한 연습을 노트에 적어본다. 스스로 늘어나는 논리가 느껴질 것이다.

09

대표를 선거로
뽑는다면 누가 뽑힐까

"제가 CEO가 된다면 3년간 평균 임금인상률 7%와 복지기금 500억 확충을 약속합니다."

"저는 주4일 근무제 도입과 유급 안식년제 실시를 2년 내에 제도화하겠습니다."

사내 게시판에 올라온 CEO 선거용 후보자 공약사항들이다. 이번 CEO 선거에 출마한 두 후보의 공약은 '소득 증대 vs 삶의 질 향상' 으로 확연히 갈린다. 서로 차별성을 부각하기 위해 꿈만 같은 제도 시행이 제시된다. 유권자인 직원들의 표심이 크게 흔들린다. 티타임이나 식사시간 마다 누구의 공약이 더 끌리는지, 설왕설래한다. 후보별로 조용히 지원 그룹이 움직이고 있고, 선거가 끝나면 대폭적인 조직개편이 뒤따를 것이다. 사업 전략이나 마케팅 관련 회의가 뒷전으로 밀리고, 선거 관련 이슈가 조직 내부 분위기를 움켜쥐고 후끈 달아올랐다.

"이번에 마당발 김 부장이 이 감사의 CEO 선거운동에 참여했다던데."

"정 부사장이 CEO의 자질은 훨씬 뛰어난데 공약에서 좀 밀리지."

누구를 CEO로 뽑을 것인가. 마치 대통령 선거와 흡사한 분위기에 휩싸이는 건 어쩔 수 없이 내 몫이 커지기를 바라는 심정 탓이다. 자연히 뛰어난 자질보다는 뭐가 내게 더 유익한지를 앞서 보게 된다.

CEO를 선거로 뽑으면 어떨까 하는 발칙한 상상이다. 기업의 CEO를 직원이 뽑다니.

어떤 기구나 조직의 장은 해당 기구의 주인이 뽑는다. 국가의 주인은 국민이기에 국민투표가 여러 방식으로 진행되는 것이고, 협회와 같은 기구는 회원이 선출하는 것과 같이 기업의 주인은 주주이기에 CEO는 주주총회에서 선출된다. 국가의 주인인 국민이 아닌 공무원이 우리의 수장을 뽑겠다고 나서면 어떻게 되겠는가.

마찬가지로 기업의 CEO는 기업의 구성원인 직원들을 대상으로 하는 게 아니고, 주주를 대상으로 책임을 다해야 한다. 그럼 직원들은 안중에 없어도 되는 것인가. 주주는 기업의 '안정적 수익'을 요구한다. 기업의 성공적 업무 수행자가 직원이다 보니 기업의 구성 3요소로 주주, 종업원, 고객을 꼽는 이유가 있다. 종업원을 거느리고 고객을 만족시켜 안정적 수익을 확보함으로써 궁극적으로 주주를 만족시켜야 하는 과제가 CEO의 역할이 된다.

어떤 기업에서나 CEO의 중요성은 크다. 한 논문은 최근 60년간 CEO가 회사의 성공에 미치는 영향도 분석을 통해 최근의 영향도는 25% 수준으로, 60년 전과 비교하면 10배 이상 증가했다고 한다. 종전에는 회사가 속한 산업군을 알면 기업 실적 예측도가 40% 정도였지만 최근에는 4%로 떨어졌는데, 이는 기술의 획기적 발전과 사업의 복잡성이 증가함에 따라 기업 실적의 예측을 어렵게 만든다고 한다. 이러한 환경 변화가 바로 새로운 전략을 추구하고 새로운 시장을 개척하는 CEO의 역량을 중요하게 만들었고, 이것이 CEO 효과 증대로 이어졌다.

흔히 CEO는 많지만 '명품 CEO'는 드물다. HP를 극적으로 회생시키는 듯했지만 끝내 실망을 안겨준 칼리 피오리나 같은 CEO가 있는 반면에 잭 웰치, 빌 게이츠, 스티브 잡스와 같이 시간이 흐를수록 훌륭한 경영자로 칭송되며 오래도록 회자되는 '명품 CEO'가 있다. 이들의 공통점은 무엇일까?

종합하면 통찰력, 창의성, 용병술, 인간미, 끊임없는 학습, 건강, 도덕성, 사회적 책임의식의 8가지 덕목을 꼽는다. 뭐 그렇게 새로운 덕목이 있는 게 아니다. 건강한 육체와 정신이 있다면 인간미, 도덕성, 사회적 책임의식은 저절로 따를 테니 일단 다른 영역으로 구분해보자. 나머지 항목들은 **끊임없는 학습을 통해 통찰력과 창의성의 역량을 키워야 한다**는 것이다. 결국 **명품 CEO는 통찰력과 창의성이 넘치는 인간성 좋은 사람**이라고 압축할 수 있다.

"지혜로운 사람은 반드시 이익과 손실 양면에서 사물을 생각한다. 이익을 생각할 때 손실까지도 고려한다. 그렇게 하면 사물은 순조로워진다. 반대로 손해를 입었을 때, 그로 인해 생기는 이익도 고려한다. 그리하면 근심을 덜 수 있다智者之慮, 必雜於利害. 雜於利, 而務可信也. 雜於害, 而患可解也."

손자가 《손자병법孫子兵法》에서 탁월한 전략가의 면모를 제시한 것이다.

"사람들은 나를 천재라고 말하지만 나는 결코 천재가 아니다. 내가 이렇게 신속히 결단을 내릴 수 있었던 것은 평소에 여러 가지 상황을 구상해두었다가 필요에 따라 적용한 것에 불과하다."

나폴레옹 보나파르트의 말은 손자의 용병술과 같은 맥락이다.

HP를 구할 뻔했던 칼리 피오리나가 저지른 가장 큰 실수는 충성스런 경영진을 구축하지 못해서 '내부의 공격'을 허용한 것이다. 반면에 21세기 혁신의 아이콘으로 불리는 스티브 잡스는 스티브 워즈니악이라는 천재 프로그래머와 함께 잘 조직된 팀의 성공을 만들었다.

거기에 더하여 스티브 잡스의 경영 철학 5가지1.경영은 기존 질서와 철저히 다르게, 2.잘할 수 있는 분야를 선정해 직접 몸으로 뛰어라, 3.항상 새로운 것에 주의를 기울이고 포기하지 마라, 4.기술력을 과신하기보다 소비자 눈높이에 맞춰라, 5.간단하고 단순하게 하라에서 '통찰력'과 '창의성'에 대해 구체적인 실천 과제를 제시한다.

어느 CEO가 사석에서 내게 한 얘기가 인상 깊었다.

"나는 경영자로서 세 가지 부류의 사람들과 일한다. 하나는 충성스런 그룹으로 손발과 같이 움직일 수 있는 그룹이고, 하나는 내가 생각지 못하는 전략과 아이디어를 보완해 주는 그룹이며, 셋째는 나머지 전체다. 1%씩의 두 그룹과 98%의 나머지인 것이다. 결국 어떻게 2%를 찾아내고 조직화하여 운용하는가의 숙제가 경영자에게 가장 중요한 과제라고 본다."

그렇다면 직원 입장에서 준비할 수 있는 것은 두 번째 전략 그룹에 속할 수 있는 자질을 구비하는 것이지 않겠는가.

통찰력과 창의성을 키우는 방법으로 두 가지를 제안한다. 첫째는 학습하는 습관을 기르는 것이고, 둘째는 '왜' 라는 질문을 끊임없이 하는 것이다.

구체적으로 해마다 무엇을 어떻게 언제 학습할 것인지 계획하고 실행한다. 그리고 **항상 '왜' 라는 질문을 스스로 던지고 답을 찾는 행동이 몸에 배도록 반복한다.**

10/

일을 지시한
상사가 만족할 때까지

"지난주에 이 주임이 검토하던 투자 건을 마무리했으면 하는데, 김 대리가 주관이 되어 정리해보세요."

김 대리는 바쁘다. 상사의 지시는 짧았고, 새로운 수명 업무가 하나 추가되었다. 노트에 적는다. 벌써 미결 업무가 10개를 넘어간다. 주말을 쉬어본 적이 언제인지 모른다. 얼른 처내야 하는데, 업무 건마다 시간이 너무 오래 걸린다. 그렇게 어려운 일들도 아니다. 그런데 보고를 할 때마다 이런저런 보완사항이 항상 쏟아진다. 지시할 때 한 번에 다 말해주면 빨리 마무리할 수 있을 텐데 하는 아쉬움에 좋은 상사를 만나지 못한 것을 한탄한다.

"내 말 뜻 이해하지?"

직장 상사로부터 종종 이런 말을 듣는다. 대충 설명하고 "무슨 말인지 알지?"라는 말을 들은 직원은 사실 무슨 말인지 모를 확률이 더 높다. 이 경우 사실 대부분은 상사 본인도 본인이 구체적으로 '무슨 말'을 했는지도 잘 모르고 있을 가능성이 크다.

무엇이 잘못되었을까? 좋은 상사, 직원의 업무 능력, 이슈 많은 회사……. 어디서든 문제는 있겠지만 해결 방법이 어느 일방에만 있는 것은 아닐 것이다.

대한상공회의소가 2018년 직장인 4,000명을 대상으로 한 〈업무방식 실태조사〉에서 직장인들은 업무방식 종합점수를 100점 만점에 45점으로 평가하면서 그 가운데에서도 업무 방향성업무의 목적과 전략이 분명하다과 지시 명확성업무지시 시 배경과 내용을 명확히 설명한다을 각각 30점과 39점으로 평가하고 있다. 그리고 업무 과정이 비합리적인 이유로는 원래부터 의미 없는 업무50.9%라는 응답이 가장 많았고, 전략적 판단 없는 '하고 보자' 식 추진 관행47.5%, 의전이나 겉치레에 과도하게 신경 쓰기42.2%, 현장 실태를 모르는 탑다운 전략 수립41.8% 등을 꼽고 있다.

상사는 업무 지시를 할 때 일의 목적, 구체적인 방향, 전체적인 업무의 흐름, 구체적인 기대 결과의 범위 등을 반드시 제시해야 한다. 하지만 우리의 상사가 이러한 제시를 하지 않는다면 어떻게 해야 할까? **지시를 받는 나라도 반드시 구체적으로 질문하고 명확히 해둘 필요가 있다.**

"투자 건의 마무리라면 어느 범위까지 생각하시는지요? 내부 보고용인가요? 아니면 투자자 제출용까진가요?"

"제가 주관을 한다는 건, 기존에 검토하던 이 주임을 포함하여 어느 직원까지를 마무리 업무에 투입해도 좋은 건지요?"

"마무리 보고를 받아보실 날짜는 언제를 염두에 두시는지요?"

"혹시 생각하고 계시는 방향이나 주안점이 있으면 알려주시겠습니까?"

이런 방식을 디코딩 스킬decoding skill이라고 한다. 일종의 업무 해독 작업이다. 우리가 흔히 이야기하는 6하 원칙에 다름 아니다. 누가작업 참여자, 언제보고 시기, 무엇을보고하고자 하는 내용, 어떻게어떤 설명 자료가 필요한가, 왜보고 내용의 논리성를 파악하는 것으로 업무의 구체성을 확보하면 작업이 용이해진다는 것을 말한다.

잘하는 보고에는 4가지 요소가 있다.

첫째는 "먼저 하라." 완벽하게 준비될 때까지 기다리지 말라는 거다. 상사가 궁금해서 묻는 순간 벌써 보고 타이밍은 지나고, 궁금한 상사는 추가 질문을 쏟아내게 된다.

둘째는 "빨리 하라." 약속한 보고 일정보다 일찍 준비가 끝났다면 기다리지 말고 바로 보고한다. 누군가 내게 약속한 날보다 먼저 준다면 나는 싫을까?

셋째는 "제때 하라." 약속한 시간은 반드시 지켜야 한다. 설령 준비가 좀 부족하더라도 시간을 넘기지 말고 부족한 상태에서 보고한다.

넷째는 "자주 하라." 특히 보고 일정이 긴 경우라면 중간보고를 통해 상사와 지속적으로 교감을 갖는 것이 중요하다.

2009년 GM은 미국 연방정부로부터 긴급구제자금을 받는 등 신속한 혁신과 변화를 해야 하는 상황이었다. 이러한 GM의 개혁이 시급한 상황에서도, 당시 다수의 스태프는 '어떻게 개혁할 것인가'를 고민하기보다는 '개혁과 관련한 보고서를 어떻게 잘 만들 것인가'에 치중했다.

이에 당시 CEO 프리츠 헨더슨은 외형에 치중한 보고서 작성 관행을 타파하기 위해, 의도적으로 오타가 가득한 GM 개혁 방안을 담은 공문을 직원들에게 이메일로 직접 발송했다. 헨더슨은 보고서의 외형에 공들이는 것보다 비록 오타가 있더라도 GM 개혁에 대한 의사결정을 신속히 내리고 하루라도 빨리 실천으로 옮기는 것이 중요하다는 사실을 직접 보여주고자 했다.

또 한번은 헨더슨이 미국 연방의회에서 GM의 회생 전략을 발표하기로 되어 있었는데, 스태프는 한 달 동안의 밤샘 작업을 통해 300여 쪽에 달하는 참고자료를 바인더로 묶어서 헨더슨에게 중간 산출물 차원에서 보고했다.

다음 날, 헨더슨은 해당 자료를 만든 팀에게 당장 참고자료 만드는 일을 중단하라고 지시했다.

"이렇게 방대한 자료를 만드느라, 적어도 20여 명의 직원이 한 달은 고생했을 것이다. 그러나 나는 이 자료를 사용하지 않겠다. 이런 불필요한 자료를 활용하느니, 불완전한 정보라도 의회에 빨리 GM 회생 전략을 말하고 실행하는 데에 더 많은 시간을 투자하는 게 낫겠다."

이후 스태프의 보고 방식에 대한 인식이 비로소 변화하기 시작했다.

비효율적인 업무를 축소하기 위해서는 업무 지시자가 '소모적이고 비효율적인 업무가 되지 않도록' 하기 위해 상징적으로 보여주는 것이 필요하지만, 상사가 그렇지 못하다면 나는 어떻게 해야 하는가. 스스로 지시 받은 업무에 대해 즉시 또는 중간 단계마다 구체적 내용을 질문하고 답변을 받는 것이다.

업무 지시를 받을 때는 구체적 내용에 대해 반드시 이해할 때까지 질문한다. 그리고 무엇보다 신속히 보고하고, 필요하면 중간보고도 진행한다.

11 /

쉬운데
어려운 것, 잘 듣기

경청, 참 좋은 말이다. 누구나 마음속에 담아두고 싶고, 누구보다도 자기 자신에게 적용해보고 싶은 실행 키워드다.

"과장님, 혹시 잠깐 시간되면 차 한 잔 하시겠습니까. 상의드릴 게 있어서요."

"오, 우리 민 대리가 부르시는데 없는 시간이라도 내야지. 무슨 일?"

"어제 저녁에 요 앞 삼겹살집에서 제 동기인 인사팀 김 대리와 저녁을 먹다가 다음 주에 싱가포르 주재원 선발이 있을 거라는 이야기를 들었습니다."

"싱가포르 주재원? 너 그거 가고 싶어서 그러는구나. 걱정 마. 내가 우리 부장님한테 이야기해둘게. 그리고 그 선발 면접은 이사님이 키를 쥐고 계실 테니 이사님한테도 슬쩍 내비칠게. 네 덕분에 나도 싱가포르 휴가 한번 갈 수 있겠네. 좋다 좋아."

"아니, 그게 아니라 제가…."

"허, 이 친구, 염려 말라니까. 내가 후배를 위해 그 정도 수고도 못하겠어. 내가 말이야, 그래도 직장에서 그 정도 지원은 할 능력이 되니 다행이지. 사실 우리 부장님도 작년 진급 때 내가 엄청 뛰어다녔잖아. 부장님이 아직도 기억하려나 몰라."

"과장님, 그게 아니라 대리급 추천이 진행될 거라고 하는데, 제가 결혼 준비 때문에 이번에는 좀 피하고 싶어서……."

"아, 그래. 안 가고 싶어서 그러는구나. 흠흠."

후배 대리가 자신에게 고민이 있다며 조언을 구하겠노라고 찾아왔다. 과장은 시작부터 고민에 빠졌다. 날 찾아왔는데 내가 정말 훌륭한 해법을 찾아주어야겠다고 생각했다. 대화가 시작되었다. 그때부터 과장은 촉각을 세워 후배 대리의 말에 귀 기울였다. 그런데 여기서 귀를 기울이는 것은 후배의 이야기에 빠져서 경청하는 것이 아닌 그의 말을 탐색하고 분석하여 내가 어떻게 문제점에 대한 해답을 주어야 하는지에 대해서만 온 정신이 쏠려 있다. 그래서 성급하게 해법을 제시했다.

보통 대화에서 중요한 것은 '말하기' 라고 생각하기 쉽지만 사실은 상대방의 말을 귀 기울여 잘 '듣기' 가 매우 중요하다. 사람들은 대부분 자신이 잘 듣는다고 있다고 생각한다. 심지어 어떤 사람들은 듣기를 잘하지는 않지만 언제나 마음만 먹으면 잘할 수 있다고 자신한다. 그러나 제대로 된 듣기란 너무나도 어려운 일임을 곧 깨닫게 된다. 잘 듣는 사람은 상대방이 말을 완전히 마칠 때까지 끼어들지 않는다. 그냥 기다리면 되는 일인데도 쉽지 않다.

대부분의 사람은 말을 다 끝낼 때까지 상대방이 끼어들지만 않아도 굉장히 칭찬받은 기분이 든다. 여기에 만약 그 이야기를 더 해달라고 하면 더 크게 칭찬받는 느낌이 들 것이다.

이 대목에서 로마제국의 마지막 황제 마르쿠스 아우렐리우스의 경청에 대한 말이 새겨들을 만하다.

"다른 사람의 말을 신중하게 듣는 습관을 길러라. 그리고 가능한 한 말하는 사람의 마음속으로 빠져들도록 하라."

경청은 참 쉬운 과제다. 잘 들으면 된다. 그런데도 경청하는 사람이 많지 않고, 스스로도 잘 되지 않는 게 경청이다. 무엇 때문일까. 의식과 무의식의 관계 속에서 내면과 외부 세계의 소통을 위한 자아가 집단사회의 행동규범으로 구별되는 인간 고유의 페르소나 때문일까.

소개팅 하는 장면을 상상해본다. 내 앞에 조건이 같은 두 사람이 앉아 있다면 누구에게 더 호감이 갈까? 말 잘하는 사람? 아니면 내 말을 잘 들어주는 사람? **경청은 듣는 것이다.** 그냥 듣는 것이 아니라 귀 기울여, 다

시 말해 주의를 집중하여 듣는 것이다.

이제 실천한다. 경청 습관 만들기. 주변의 누군가와 10분 이상 이야기를 나눈다. 대화가 본격적으로 시작되면 경청하는 한 내가 할 수 있는 말은 세 가지뿐이다.

"그렇구나."

"정말?"

"그래서?"

제4장

직장 생활, 세심하게 돋보기

하루의 시작부터 끝까지 우리는 휴대폰을 가지고 아는 친구, 모르는 친구를 다 버무려 상호 소통하며, 정보를 나누며, 교감한다. 바로 비대면성의 관계다. 그렇다면 예전보다 속도와 편리성이 극도로 강화된 지금, 우리는 더 많은 관계 속에서 더 행복하게 지내고 있는 걸까. 분명 관계의 빈도가 행복과 비례하지는 않는다는 것을 우리는 안다. 아니, 어쩌면 비대면성이 강화된 관계를 통해 정서적 유대가 더 약화되고, 감성적 교감이 더 상실되면서 함몰되는 인간성의 위기를 실감하는지도 모르겠다.

01

나의 네트워크는
안녕할까

한 유통회사 채널영업팀의 점심식사 후 가벼운 티타임.

팀장과 10여 명의 직원들이 마감을 끝낸 월초, 모처럼 여유로운 점심을 먹고 한가롭게 회의실에 둘러앉는다. 이런저런 잡담이 오가던 중 입사 8년차 과장이 팀장에게 묻는다.

"팀장님, 휴대폰에 저장된 연락처가 몇 개나 돼요?"

"글쎄, 함 볼까. 음, 1,500개쯤 되네."

"역시 대단하시네요. 저는 이제 700개인데. 그래도 1,000개는 넘어야 네트워크가 좀 있다고 말할 수 있겠죠?"

어, 이쯤 되니 다들 궁금하다. 사실 휴대폰에 저장된 연락처를 세어보는 일은 별로 없는데, 네트워크를 이야기하니 연관성이 있어 보인다. 나는 얼마나 저장되어 있지? 1,000개는 어림도 없을 거 같은데. 자기 휴대폰을 열어 확인해보니 1,500개를 저장한 팀장이 다시 보인다. 엊그제 마감 때문에 얼마나 쪼아댔는지 그리도 밉던 팀장인데. 네트워크가 좋아서 영업을 잘하나 보다.

"팀장님, 지난달 영진부품의 공급계약 수주할 때에도 팀장님이 거래처 미팅을 딱 한 번 하셨지만, 미팅 후 지시하신 '공급사 안정성 유지항목' 부분의 제안서 수정이 결국 성공 요인이 아니었나 싶은데, 어떻게 미팅에서 그런 시사점을 얻게 되셨습니까? 사실 제안서의 킬링 포인트가 된 셈인데요."

"그거 영업비밀이야, 하하."

"노하우 좀 공유해주시죠? 제가 다음에 꼭 활용해보겠습니다."

"사실 영진부품 구매이사가 15년 전쯤 내가 신입사원일 때 세일기계의 담당자였는데 그때부터 알고 지내온 허물없는 사이라서 지난번 미팅에서 영진부품이 공급계약에서 가장 관심을 두는 분야가 어딘지를 여쭤보았지. 그 정도는 그쪽에서도 손해 볼 정보가 아니니 알려줄 수 있지."

"아니, 저도 여러 번 파악하려고 했는데, 다들 특별한 분야는 없다고 하더니만……."

직장인의 인적 네트워크 규모는 보통 얼마나 될까. 우리가 누군가를 '아는 사람'이라고 표현할 때는 적어도 몇 번 이상 만난 적이 있으면서, 학교나 취미활동 또는 서로가 함께 기억하는 시간 또는 공간을 가지고 있는 경우를 말하고, 그래서 언제든지 연락해도 그리 어색하지 않고 간단한 부탁쯤은 편하게 주고받을 수 있는 관계일 것이다. 흔히 '지인'이라고도 한다.

20대 중후반인 신입사원이라면 지인이 몇 명이나 될까. 먼저 최고의 지인인 부모형제와 친척 간 관계가 좋은 집안은 6촌 이내 정도의 혈연 30명, 초·중·고·대학과 여러 활동 등에서 만나 지금도 너나 할 수 있는 학연 100명, 군 생활이나 이런저런 사회 동아리에서 인연을 가진 50명. 넉넉잡아 180명 정도가 신입사원이 가진 인적 네트워크 규모가 아닐까 싶다.

앞으로 불어날 지인을 생각해 보면, 일단 같은 직장 내의 지인은 조금씩 넓혀지겠지만 100명 정도가 최대치라고 본다. 외부 업무로 매주 1명의 새로운 지인을 만든다면 1년에 50명. 10년이면 500명이지만 담당업무가 바뀔 수도 있고, 상대방의 신상이 변경될 수도 있어서 인연이 유지될 가능성을 20%로 보면 100명. 직장 생활 10년의 시점에 가질 인적 네트워크 규모는 180명취업 전, 100명취업 후을 합하여 280명 수준이다. 적당한 걸까, 적은 걸까.

사실 휴대폰에 저장된 전화번호 수가 뭐 그리 중요할까 싶지만, 그래도 그 중의 몇 퍼센트가 지인이라고 해석하는 일종의 간편 계산법도 나름 일리 있다고 생각하면, 이제부터 휴대폰의 연락처 수도 새롭게 보아야겠다. 저장된 이름들을 보면 누군지 생각조차 나지 않는 사람부터 최근 2~3년 내에 연락 한 번 해본 적 없는 사람까지 그냥 만난 적이 있던 사람들이 대부분이지만, 우리는 그냥 똑같이 저장하고만 있다.

회사에는 자문 또는 고문이라고 불리는 임원들이 있다. 퇴임한 임원에 대한 예우로 부르는 호칭 외에 실제 자리를 가진 사람들이 있다. 회사 실무에는 관여하지 않고 대외적인 문제가 발생하지 않도록 예방하거나 발생된 문제를 적절히 해결하기 위한 역할을 맡고 있다. 속칭 외부 네트워크가 매우 뛰어난 사람들로 관 출신인 경우가 많다. 이 분들의 네트워크가 좋다는 건 뭘 의미할까. 지인의 수가 많아서? 다들 짐작하다시피 진짜 지인들이 많다는 것이다.

영국의 인류학자 로빈 던바Robin Dunbar가 포유류의 뇌구조, 특히 뇌 신피질의 크기와 각 개인이 감당할 수 있는 다른 사람들과 의미 있는 관계를 맺을 수 있는 집단 규모 사이의 상관관계를 연구한 '던바의 수Dunbar's number' 에 따르면, **인간의 뇌 용량으로 사회성을 맺을 수 있는 사람의 규모는 120~150명이다.** 사회성을 어떻게 규정할 것인가에 대한 논란이 있을 수는 있지만, 던바는 타인의 이름과 중요한 관계를 알고 있는 수가 평균 150명이라고 한다. 이는 용량의 문제 때문이 아니라 관계를 지속하고 유지하기 위해서 들여야 하는 시간과 노력의 한계 때문이라고 한다.

많은 탁월한 인적 네트워크를 활용하는 사람들과 이야기를 나누어보면 100명도 많다고 한다. 최상위의 지인 10명만 있어도 충분하다는 의견도 있다. 지인 10명이 가진 인적 네트워크도 얼마든지 활용 가능하기 때문이라고 한다. 관계를 기하급수적으로 확대 재생산할 수 있는 사회적 기능을 가졌다고 보는 것이다.

인적 네트워크는 양도 중요하지만 질이 더 중요하다. 이제 어떻게 '지인'이라는 인적 네트워크를 만들어갈지 생각해보자. 최고경영자 과정이나 국내 MBA 과정과 같은 영향력 있는 집단에 참여하는 방법도 있겠지만, 사원 시절의 이야기는 아닌 것 같다. 지금 당장 할 수 있는 일을 생각해본다. **사람과의 교감은 긴 시간을 필요로 한다. 공감의 축적이다.** 좋은 사람과 좋은 공감을 축적하기 위해서 필요로 하는 인위적인 노력이 따라야 한다. **여기에는 정답이 없고 오직 스스로의 실행 과제가 요구된다.** 무엇이든지 좋다. 지금부터 시작하는 것이 중요하다.

예를 들어 차를 마시며 나누는 잡담 중에 상대방의 결혼기념일을 듣게 되거든 달력에 메모한다. 해마다 옮겨쓰는 달력의 메모를 보니 어느새 결혼 10주년이 되어 작은 선물을 하나 보낸다. 세상에! 본인 외에 누가 자기 결혼기념일 10주년을 기억하고 축하해줄까. 어쩌면 자기도 깜박해서 아내에게 혼날 뻔했는데 덕분에 잊지 않았다고 더 감사할 수도 있을 것이다. 나하고 공감 가는 사람이 있고 오래 인연을 가져가고 싶은 사람이 있거든 메모하고 축적한다. 아이들 이름, 배우자 생일, 이사 날짜 등 일상의 이벤트는 그 어떤 것보다 진한 공감을 주는 아이템이 될 수 있다.

또는 디지털의 시대에 역행하여 한 해를 마무리하는 연말 인사로 손편지를 써본다. 11월 말쯤 한 해를 돌아보며 기억하고 싶은 50명쯤을 추려서 개인화된 메시지로 하루에 2명씩 써본다. 한 해의 기억을 공유하고 고마운 점, 내가 좀 부족했던 점을 이야기하면서 내년에는 더 좋은 인연이 되기를 소망해본다. 요즘 누가 손 편지를 받는 경험을 하겠는가. 나는 그에게 분명 남다른 기억과 소중한 공감으로 남겨질 것이다.

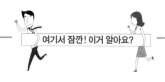

■ 인맥을 만들고 관리하는 노하우

어디나 그러겠지만, 한국은 업무나 비즈니스에서 인맥이 작용하는 힘이 유난스러운 곳이다. 사람이 태어나면 3연이 있게 마련인데, 혈연과 지연 그리고 학연이다. 혈연과 지연은 내 선택과는 무관하게 주어지는 것이니 좋든 나쁘든 내가 고스란히 감당해야 할 몫이고, 학연은 내가 선택할 수 있다지만 학력은 대부분 '집안 찬스'로 결판 나므로 오늘날 학연은 혈연에 수렴하는 경향이 강해 그것 역시 사실상 내가 선택할 여지가 거의 없다.

그래도 나는 어렵사리 정규직으로 직장에 들어왔다. 3연 중 어느 것 하나 내세울 게 없는 나는 어떻게 '순전히 나의 노력만으로' 직장 생활에 필요한 인맥을 만들고 지켜갈 수 있을까?

1. 누구든 나를 좋아하고 보고 싶어하는 사람으로 만든다

직장에는 고생스럽고 번거롭기만 하지 빛이 안 나는 일을 후배 직원에게 떠넘기거나 동료에게 부탁만 하는 사람이 있게 마련이다. 이런 사람은 다들 슬슬 피하게 되어 나중에는 곁에 사람이 남지 않게 된다. 이런 신세가 되지 않으려면 얌체 짓을 그만두어야 한다. 그 대신 상사나 동료 그리고 후배 직원이 누군가의 도움이 절실해 보일 경우 부탁을 받기 전에 먼저 도움의 손을 내미는 것이다. 그러면 상대방은 나를 진심으로 좋아하게 될 것이다. '어려울 때 손을 내민 친구가 평생 간다'고 했다. 평생 인맥이 쌓이는 순간이다.

2. 좋은 인맥의 사람과 연을 맺으면 좋은 인맥까지 따라온다

인맥이라고 다 같은 인맥이 아니고 인맥에도 여러 종류가 있다. 인맥이 넓은 것이 곧 인맥이 좋은 것은 아니다. 앞에서 말한 지연이나 학연 말고도 의리로 맺어진 인맥이 있는가 하면, 순전히 이해관계로 맺어진 인맥도 있다. 지연이나 학연에 따른 인맥은 좋을 때는 좋지만 치명적인 독이 될 수도 있다. 가령, 직장 상무가 학교 선배여서 가까이 지내게 되었는데 상무가 그만 비리에 연루되어 잘리게 되자 그 상무 라인으로 분류된 나는 별로 덕 본 것도 없으면서 권고사직을 당하게 된다. 이해관계로 맺어진 인맥은 서로의 이해가 부합하는 한 끈끈하게 유지되는 것처럼 보인다. 그러나 이해관계가 해체되는 순간 인맥도 바람처럼 흩어진다. 서로의 이해가 갈리게 되면 심지어 원수지간이 되기도 한다. 의리로 맺어진 인맥은 서로의 인품에 반해 가까워진 경우다. 이런 인맥은 이해관계 대신 뜻이 같아 맺어진 경우로 평생을 간다.

3. 인맥도 화초처럼 물을 주고 돌봐야 꽃을 피운다

한번 내 인맥이 되었다고 영원한 것은 아니다. 모든 인간관계는 서로 활발한 교류가 있어야 유지된다. 화초처럼 물도 주고 거름도 주고 늘 돌봐주어야 말라죽지 않고 활짝 꽃을 피운다. 대부분의 인맥은, 특히 직장 생활에서의 인맥은 서로 가진 것을 주고받을 수 있어야 유지되는 경우가 대부분이다. 인맥에서 일방적인 주기나 받기는 없다. 그러니 인맥을 만들기 가장 좋은 비결은, 내가 먼저 주는 것이다. 알고 보면 어렵지 않지만 실천하기는 무지 어렵다. 그러고 보면 세상 일이 몰라서 못하는 경우는 별로 없다. 알면서도 못 하는 것, 그게 문제다.

02

말솜씨에 관한
과학적 분석

누구나 말을 잘하고 싶다. 내가 하는 말이 상대방에게 설득력 있기를 원한다. 내가 이야기를 하면 다들 귀를 기울이고, 좋은 반응이 있었으면 좋겠다고 생각한다. 나의 얼굴을 주목하고, 나의 말에 따라 움직이는 몸짓을 기대하고 싶다. 그런데 안타깝게도 나는 말재주가 없는 듯하다. 아쉬움이 크지만 스스로에 대한 자책만 남는다. 내가 말을 잘할 수 있다면 얼마나 좋을까.

주변에는 말 잘하는 사람이 제법 있다. 방송을 보고 있으면 어떤 이의 말은 듣기 편하고 귀에 쏙쏙 잘 들어온다. 뉴스를 진행하는 앵커가 그렇고 시사토론의 유명 출연자들이 그렇다. 직업이 말하는 것이어서 그런 걸까. 직장에서도 별반 다르지 않다. 말을 잘하는 사람은 흔한 표현으로 직장 내에서 잘 나간다. 직장에서 말을 잘하는 사람을 보면 정말 부럽다. 그들이 말을 하면 넘치는 자신감을 바닥에 깔고 그의 말이 전적으로 옳은 것 같다는 공감이 느껴진다. 설득력이 넘친다. 같은 내용도 전혀 다르게 들리니 말이다. 아무리 콘텐츠가 좋아도 내 입을 통하면서 전달력이 떨어지고 만다면 얼마나 안타까운 일인가.

말 잘하는 사람은 무엇이 다를까. 말 잘하는 사람을 보면 크게 두 가지가 부럽다.

첫째는 어쩌면 저렇게 차분하면서도 적절하게 완급을 조절하며 말하는 여유가 있을까 싶다. 나는 발표하는 순간이 되면 얼굴이 붉어지고 호흡도 가빠지고, 눈길은 어디로 가야 할지를 몰라 길을 잃고 헤매는데 말이다.

둘째는 참 적절하게 단어를 표현한다. 내가 모르는 단어도 아니고 그렇게 어려운 단어도 아닌데 참 적절하게 사용하는 걸 본다. 나라면 저 상황에서 저런 단어를 사용하여 문장을 표현할 수 있을까. 안타깝지만 그렇지 못하다.

2015년, 독일에서 가장 인기 있는 퀴즈쇼 〈누가 백만장자가 될 것인가〉에서 우승하여 상금 100만 유로약 13억 원를 받은 레온 빈트사이트는 그의 저서 《삶의 무기가 되는 심리학》에서 퀴즈 쇼 결승을 앞둔 그의 심리와 노력을 설명한다. 레온은 계속된 쇼의 마지막 결승을 앞두고 형언할 수 없는 엄청난 압박감에 맞닥뜨렸다고 고백한다. 그리고 스튜디오의 특수한 환경과 카메라 앞에 서면 나타나는 맹목적 공포를 극복하기 위해 자신의 공포를 똑바로 바라보는 훈련을 했다고 전한다. 지인들을 모아놓고 팬티 차림으로 그들 앞에 놓인 의자에 앉아서 난감하고 불편한 상황을 스스로 경험하게 하고, 거울에 비친 자신을 보는 것으로 시작해서 서서히 수위를 올리며 반복함으로써, 공포와 맞닥뜨렸을 때 발생하는 흥분상태를 억제시키게 되었다고 한다.

대중 앞에 서면 나타나는 공포는 나에게만 있는 것이 아니라 누구나에게 있는 것 같다. 이 시대 최고의 엔터테이너로 평가받는 유재석 씨도 무명시절 방송 카메라 앞에서 긴장한 나머지 말을 버벅거리는 실수를 연달아 저질렀지 않은가 말이다.

대중 앞에서의 공포. 문제는 나의 문제가 아니라 어떻게 극복할 것인가 하는 문제로 보인다. 명 강의로 이름을 떨친 교수가 시간강사 시절 어느 강의에 들어가 학생들에게 고백했다.

"여러분, 제가 사실 무대공포증이 있어서 강단에 서면 목소리가 떨리니 이해하기 바랍니다."

그러자 앞자리에 앉아 있던 한 학생이 재치 있게 대꾸한다.

"교수님, 떨리시는 게 아니라, 강의하실 생각에 설레시는 것 같아요."

그날 이후 그는 더 이상 강의실에서 떨지 않게 되었다. 떨림을 기분 좋은 설렘으로 치환시켜 준 학생의 재치 있는 답변은 분명 타인의 자존감을 세워주고 인정해주는 것이었다. 그 덕분에 그는 대중 앞에 설 때마다 항상 설렘을 떠올리게 되었고 능력 있는 강사가 되었다. 누구에게나 떨림은 있다. **떨림은 누구나 반복적 연습으로 극복할 수 있다.** 자기만의 최면의식을 가지면 떨림은 더 빨리 극복될 수 있을 것이다.

국어사전에 실린 어휘는 44만 단어 정도다. 그런데 보통 사람이라면 평상시 남성은 5,000개, 여성은 6,000개 정도의 단어를 사용한다. 안타깝게도 결혼한 남성은 1,800개에 불과하다. 거의 4분의 1 수준으로 감소한다. 뇌 과학자들에 따르면 인간은 대뇌피질에 카테고리별로 단어를 저장하고 있다. 직장과 같이 공동사회에 있는 사람들끼리는 어떤 보고서를 읽으면 누구의 글인지가 유추되는 사례가 생기는 이유다. 자기 분야나 관심 분야의 단어들이 쉽게 기억된다. **많은 단어를 사용하기 위해서는 결국 카테고리를 넓혀야 한다.**

'많은 카테고리 〉 넓은 어휘력 〉 풍성한 발표력'의 테제가 성립된다. 직장 생활에 필요한 카테고리를 넓히는 쉬운 방법 하나가 있는데, 참 많은 사람들이 권하는 방법이기도 하다. 그것은 바로 '매일 종이신문 정독하기'이다. 기간은 적어도 1년, 하루 1시간 투자하기.

신문을 읽는 다양한 이유가 있지만 몇 가지 직장 생활과 관련한 관점에서 간추려본다.

첫째, 신문은 다양한 영역을 지면으로 할애한다.

둘째, 신문은 내가 모르거나 관심이 적은 분야조차 읽을 기회를 준다.

셋째, 신문은 많은 어휘뿐 아니라 기사, 사설, 에세이 등 다양한 문체를 접하게 한다.

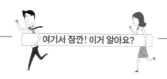

■ 잘못을 사과할 때도 기술이 필요하다

사람은 누구든 실수나 잘못을 저지를 수 있다. 또 그러는 존재가 사람이다. 물론 실수나 잘못을 저지르지 않으면 제일 좋지만, 일단 일이 벌어지고 나면 사과를 해야 한다. 그런데 문제는 그 사과를 어떻게 하느냐 하는 것이다. 사과하는 태도가 문제다. 실수나 잘못의 크기나 성격에 따라 사과의 형식이나 내용도 달라야 한다. 찾아가 무릎을 꿇고 손이 발이 되도록 빌어야 할 큰 잘못을 저질러놓고 책상머리에 편하게 앉아 이메일이나 카카오톡으로 "죄송하다"고 달랑 문자 한 줄 보내는 것은 사과가 되지 못한다. 잘못이나 실수의 크기에 부족함이 없는 형식과 내용을 갖춰야 진정한 사과라고 할 수 있다. 사과는 상대방이 사과로 받아야 비로소 사과가 되는 것이지, 그렇지 못하면 그저 면피를 위한 기만일 뿐이다. 그렇다면 어떻게 해야 사과를 잘했다고 할까?

1. 사과에 반드시 들어가야 할 것들

무슨 실수나 잘못을 저질렀는지, 그로 인해 누가 어떤 피해나 상처를 입었는지, 그 실수나 잘못을 어떻게 수습할 것인지, 피해나 상처에 대해 어떻게 보상할 것인지, 재발 방지를 위해 어떻게 할 것인지 등의 내용이 구체적으로 적시되어야 한다.

2. 사과에 절대 들어가면 안 되는 것들

"그럴 의도는 전혀 없었지만", "본의 아니게", "저만 잘못한 게 아니지만", "꼭 제가 잘못해서라기보다는" 같은 책임 회피성 발언을 덧붙이면 오히려 상대방의 화만 돋울 뿐이어서 사과로 받아들여지지 못한다.

03

비즈니스 미팅을
잘하는 노하우

광고기획사 선정을 위한 제안 입찰에 참여한 후 내부 보고 중이었다. 대기업 2사업부를 맡고 있는 송 상무는 보고를 받는 내내 답답했다. 그러잖아도 성격이 급한데 담당자들이 수주 가능성에 대해 쉽게 답변을 못한다. 담당자들은 경쟁이 치열하다며 확신을 못한 채, 결과를 기다리자는 분위기다. 그때 송 상무가 벌떡 일어나 상의 재킷을 챙기더니 담당 과장인 박 과장에게 발주업체를 방문하자며 일어선다. 평소 발로 뛰는 영업을 중요하게 생각하는 송 상무의 캐릭터를 알고는 있지만, 순간 다들 깜짝 놀란다. 가서 어떡하려고 그러지?

발주업체 회의실.

송 상무와 박 과장 앞에 업체의 팀장과 간부가 뽀로통한 표정으로 마주앉아 있다. 박 과장이 오는 도중 전화를 걸어 상무님이 잠깐만 뵈려고

가는 중이니 시간을 조금만 내달라고 사정한 것이다. 서로 명함을 주고 받는 요식행위를 마치고 어색한 분위기로 앉는다. 송 상무는 업체에 처음 방문한 길이다.

(업체 팀장) "무슨 일로 오셨습니까?"

(송 상무) "이번 입찰로 정신없으시죠. 저희 담당자들에게 경쟁이 치열하다고 보고를 받았습니다. 저희의 부족한 점을 말씀해주시면 바로 보완하겠습니다."

(업체 팀장) "아직 제안서를 검토하는 단계이니 뭐라 드릴 말씀이 없습니다. 필요하면 연락드리겠습니다."

(송 상무) "저희 회사가 선정되면 최선을 다해 준비하겠습니다. 제가 책임지고 챙기겠습니다. 잘 부탁드립니다." (꾸벅)

회의실을 나오며 걷는 중에 업체 팀장이 박 과장의 소매를 끌더니 "도대체 왜 온 거냐"며 눈을 흘긴다. 분위기가 싸하더니 결국 입찰 진행 도중 갑작스런 임원 방문이 오히려 패착이 된 듯 광고 수주에 실패했다. 결과를 보고하며 송 상무에게 다시 혹 나게 쥐어터졌다.

비즈니스 미팅은 항상 실전이다. 이렇게도 해보고 저렇게도 해본 후 좋은 형식으로 미팅을 할 수 있는 연습 게임이 없다는 것이다. 사전 준비가 부족하면 질 수밖에 없다.

비즈니스 미팅은 서론, 본론, 결론은 매우 기본적인 3막으로 구성된다. 서론은 미팅을 좋은 분위기에서 진행할 수 있도록 하는 예열 단계다. 본론은 얻고 싶은 결과물을 위해 주고받는 협상의 단계다. 본론은 통상 크레센도crescendo, 점점 세어지기를 기본으로 하지만 때로는 데크레센도 decrescendo, 점점 약해지기로 진행하기도 한다. 결론은 협상의 결과를 상호 확인하고 긍정적인 분위기로 미팅을 마무리하기 위한 정리 단계다.

미팅을 마치고 나면 반드시 따라야 하는 단계가 있는데 바로 피드백이다. 간단히 미팅 일시 및 참석자를 기재하고 미팅의 결론을 정리하고 필요하다면 이후 미팅을 위해 각자 준비할 것까지 글로 정리하여 공유하는 것이다.

지금까지 이야기를 다시 한 번 정리하면, **비즈니스 미팅은 '준비→ 서론 → 본론 → 결론 → 피드백' 의 5단계로 구성되어야** 한다.

여기서 예의 '송 상무 미팅' 을 잠깐 들여다보면 송 상무는 5단계 중 본론만을, 그것도 일방적인 본론만을 가진 미팅을 하고 나온 셈이다. 상대방 입장을 전혀 고려하지 않고 자기 입장만을 일방적으로 전달했으니 차라리 하지 않은 게 나을 미팅이었다.

비즈니스 미팅을 위해 무엇을 준비해야 할까? 바로 2, 3단계인 서론과 본론의 내용을 준비하는 것이다. 비즈니스 미팅을 '우호적인 분위기 속에 서로 배려하여 합리적인 결과물을 도출하는 것' 으로 정의한다면, **서론 단계의 핵심은 바로 미팅에 참석하는 상대방과 긍정적 공감대를 형성하는 것이다.** 어떻게 하면 상대방의 호감을 얻을 수 있을까? 상대방이 좋아하는 것을 이야기하고 들어주면 된다. 그래서 사전에 상대방이 무엇을 좋아하는지 최대한 탐문하고 그에 대한 정보를 조사한다. 미팅이 시작되면 상대방이 좋아할 만한 스몰토크small talk를 자연스럽게 만들어간다.

미팅에 참석해보면 스몰토크를 잘못 이해하고 있는 사람들이 많다. 상대방의 관점이 아닌 자신의 관점에서 주변 이야기를 던지는 경향이 있다. 소개팅 자리를 생각해보면 얼마나 어색한 첫 1시간이었는지 기억난다. 첫 만남의 자리에서 얻고자 하는 1차적 목표는 무엇이었을까. 바로 '나에 대한 상대방의 호감'이 아닐까. 내가 아닌 상대방이 관심 있어 할 성싶은 주제를 툭툭 던지다 반응이 있으면 좀 더 대화를 만들어가는 방법이지 않았을까.

대화법의 상식은 동일하다. 철저히 상대방의 관점에서 재미있어 할 대화를 만들어간다. 서로 웃고 각자의 이야기를 나누다보면 우호적인 분위기는 어느 정도 형성되게 마련이다.

미팅 준비는 본론에도 필요하다. 가장 중요한 준비 내용이다. 내가 얻고자 하는 것보다 먼저 상대방이 무엇을 얻고 싶은지 알아본다. 기브앤테이크Give and take다. 주고받는 순서를 바꾸면 안 된다. 내가 주는 것은 상대방이 얻고 싶은 것이어야 한다. 여기서 어려움이 있는데 바로 상대방이 얻고 싶은 수준을 명확히 알기 어렵다는 점이다. 그래서 히든카드를 몇 장 준비해야 한다. 공급자 선정 과정이라면 품질, 단가, 납기 등에서 상대방은 내부적 가이드라인을 가지고 있듯이, 이쪽도 각 항목별로 몇 가지 복안을 가지고 협상한다.

상대방의 평가 항목인 품질, 단가, 납기와 관계없는 상대방의 매출을 올려줄 구매처를 제공할 수 있다면 평가표는 어떻게 될까. 설령 평가 항목에서 경쟁우위에 있지 않더라도 '구매처 제공'의 숫자가 훨씬 매력적이라면 게임은 끝나지 않을까. 여기서 중요한 요소는 나의 경쟁 상황과 무관하게 상대방의 전체적인 KPI핵심성과지표, Key Performance Indicator를 이해하고 중요한 KPI에 도움을 줄 수 있는 방법을 찾는 것이다. 이렇게 전혀 기대하고 있지 않은 제안을 던지는 것이 바로 미충족 수요Unmet needs를 향한 길이다.

상대방의 인물 정보를 미리 알아보고 일반적인 경쟁 항목의 여러 대안과 Unmet needs까지를 사전에 준비하여 쥐고 있는 나는 이렇게 비즈니스 미팅을 진행한다.

상대방이 좋아하는 분야의 이야기로 충분히 호감 분위기를 만든다. 나름 디테일도 이야기해보며 공감대가 있음을 느끼게 한다. 슬쩍 요즘 고민스런 상대방의 KPI를 건드린다. KPI에 대한 상대의 고민과 걱정을 함께 나눈 후 '혹시 이런 게 도움이 되지 않을지' 하며 미충족 수요를 던진다. 번쩍 눈을 뜨는 상대방에게 어떻게 도와줄 수 있는지 좀 더 구체적인 내용을 풀어본다.

상대방이 바짝 관심을 표한다. 이번 입찰이 잘되면 좋은 인연을 계속 이어보자고 한다. '참, 이번 입찰에서 저희의 수준이 어떤지'를 넌지시 물어본다. 상대의 절대 수준과 갭을 느낀다면 준비한 대안 중 한두 개를 던져본다. 좋은 파트너가 되었으면 좋겠다고 계속 메시지를 던진다.

입찰에 이어서 미충족 수요까지 쭉 이어가는 관계를 만들어보자고 한다. 추가적으로 입찰과 관련하여 제안 수준을 더 감안해야 하는지 물어본다. 돌아가서 입찰 관련 진행 사항을 내부 보고 후 미충족 수요까지를 포괄하여 양사 경영진의 교류 기회를 가져보는 게 어떤지 제안한다. 회사에 돌아온 이튿날 메일을 보낸다. 내부에 어제 미팅에서 제안한 입찰 내용 수정안과 양사 경영 교류회 추진에 대해 확인을 받았다는 내용을 담는다.

비즈니스 미팅은 순간으로 빙산의 일각이지만, 수면 밑에 잠긴 거대한 준비 과정을 기억한다.

04

워라밸 만큼이나
중요한 디아밸

당신은 웰빙wel-being 하십니까?

1970~80년대 산업화를 가로지르던 시절, 생존을 외치며 일에 푹 빠진 시간을 보냈다. 1990년대 민주화 시대를 지나고 OECD 가입국이 되면서 일에만 빠진 나를 끄집어내려는 노력이 시작되었다. 그리고는 '저녁이 있는 삶'으로 대변되는 일Work과 삶Life의 균형Balance를 찾기 위해 다양한 시도가 진행되어 왔다. '직장과 사생활 분리'의 문제의식은 주 52시간 근무제의 탄생을 가져왔다.

직장에서 일찍 퇴근한다는 건 이후의 사생활을 갖고 싶어하는 욕망의 단면이다. 퇴근하고 싶지만 눈치가 보여서, 말로는 '퇴근하라'고 하면서 자리에 죽치고 앉아 있는 상사가 있어서, 퇴근했는데도 전화나 메신저로 계속되는 업무의 연장을 끊어내려는 노력들이 진행되고 있다. 이제 직장과 개인의 사생활은 분절된 삶의 다른 단면이면서, 서로 긍정의 시

너지를 약속하는 자양분의 역할을 하려고 한다.

'일과 삶의 분리'는 자칫 프레임 논쟁을 불러올 수 있다. 마치 일과 삶을 분리하려는 태도가 '내가 원치 않는 일을 하고 있다'는 자백처럼 들릴 수 있기 때문이다. 혹자는 워라밸을 "더 이상 성장하지 못하는 자신에 대한 현상 유지를 정당화하는 표현일지도 모른다"고 혹평하기도 한다. 워라밸은 일이 불행해서는 안 되고, 일과 무관하게 만족스런 삶이 영위됨으로써 일마저도 행복하게 되기를 바라는 의미임에 흔들림이 있어서는 안 되겠다.

저녁 6시 1분, 책상을 정리하고 당당하게 퇴근하는 이 대리를 바라보는 부서원들의 시선

[팀장] 아니, 이 대리 저 친구. 6시 되기만 기다리고 있었군. 바로 칼퇴네. 오전에 지시한 일은 마무리하고 퇴근하는 건지, 원. 일찍 퇴근해봐야 뻔히 어디 가서 한잔하기밖에 더 하려고.

[과장] 이 대리는 금수저가 분명해. 어쩜 저리 상사들 눈치라고는 1도 없이 매일 칼퇴를 할 수 있을까. 부럽다, 부러워. 이 대리는 아직 미혼인데 지금 퇴근하면 어디 가서 뭐 할까. 그나저나 팀장님은 언제 가려고 저렇게 엉덩이를 꽉 붙이고 있나. 휴~

[신입] 아, 저게 대리의 위엄이구나. 그래, 나의 롤 모델이야. 일도 똑 부러지고, 퇴근시간이면 칼같이 나설 수 있는 멋짐. 친구들과 약속 시간

이 얼마 안 남았네. 얼른 나가야 하는데.

만족스런 삶으로 돌아가기 위해, 점차 일과 분리된 삶의 절대시간이 확보되고 있다. 그런데 우리는 이 시간을 어떻게 채우고 있을까. 친구나 직장 동료들과 한잔하는 기회가 종전에 주 2회에서 4회로 늘지는 않았는지, TV 보던 시간이 1시간에서 2시간으로 늘지는 않았는지. 마치 시간이 부족해서 즐기지 못하던 예전의 쉼의 방식이 오히려 시간과 횟수를 늘게 하는 단순한 유희의 확대에 지나지는 않았는지 냉정히 돌아볼 문제다.

일이 중심이고 먼저이던 시절, 막 진급한 간부에게 직장의 선배들이 종종 이렇게 말하던 분들이 있었다.

"이제 가정은 잠깐 뒤로 미루고, 직장에 올인 해야지. 이제부터가 시작이야. 열심히 일만 해도 부족한 시기가 시작되는 거야. 두 가지를 다 잘할 수는 없는 거지."

이분들은 열심히 일한다는 것을 일하는 시간의 절대적 확대와 동일시한다. 기존에 7시에 퇴근했다면 이제는 9시쯤 퇴근하는 것이, 2시간 정도 더 일하는 것이 열심히 하는 것이라고 인식한다. 지금도 주변에는 '늦게 퇴근하는 사람이 일을 열심히 하는 사람'이라고 인식하는 사람들이 제법 남아 있다.

그런데 사실 어려운 점이 있다. 똑같은 시각에 퇴근하면서도 더 열심히 일을 하는 방법은 강도를 높여야 하는데, 이게 말처럼 쉽지를 않다. 눈에 잘 띄지도 않는다. 수치로 계량하기도 쉽지 않다.

일과 삶의 방식이 함께 변해야 한다.

'워라밸'은 일과 삶에 배분된 절대시간의 변화만으로는 아무런 의미가 없다. 아니, 어쩌면 단순한 시간의 변화는 오히려 모두에게 좋지 않은 결과를 가져오게 된다. 일의 절대시간이 줄어들지만 더 효율적으로 일하는 방법을 찾아야 하고, 삶에 주어지는 절대시간이 늘어나지만 더 삶에 활력을 주는 방법을 연구하고 실천해야 한다. 워라밸은 우리가 직장에서 일하는 방식뿐 아니라 퇴근 이후의 삶의 양태까지 모두 변화하기를 요구하고 있다.

워라밸의 궁극적 목적이 행복하기라고 볼 때, 우리는 행복의 형상에 대해 생각해볼 필요가 있다. 어떨 때 가장 행복할까. 많은 사람들은 사람과의 좋은 관계에서 가장 큰 행복감을 느낀다고 한다. 이 관계는 어떻게 형성되는 걸까. 4차 산업혁명의 시대인 지금은 SNS를 통해서 관계를 맺어가는 비중이 급속도로 높아지고 있다.

하루의 시작부터 끝까지 우리는 휴대폰을 가지고 아는 친구, 모르는 친구를 다 버무려 상호 소통하며, 정보를 나누며, 교감한다. 바로 비대면성의 관계다. 그렇다면 예전보다 속도와 편리성이 극도로 강화된 지금, 우리는 더 많은 관계 속에서 더 행복하게 지내고 있는 걸까. 분명 관계의 빈도가 행복과 비례하지는 않는다는 것을 우리는 안다. 아니, 어쩌면 비대면성이 강화된 관계를 통해 정서적 유대가 더 약화되고, 감성적 교감이 더 상실되면서 함몰되는 인간성의 위기를 실감하는지도 모르겠다.

요즘 복고 바람이 심상치 않다. 7080의 음악이나 패션의 추억 팔이 수준이 아니다. 1020세대의 젊은이들이 과거의 복고retro와 새로움new을 결합하면서 뉴트로New-tro를 만들고 있다. 젊은 세대에서 LP판의 현대적 해석으로 탈바꿈한 턴테이블이 그렇고, 예전의 복고풍 디자인의 가전제품이 인기를 끄는 현상들이 열풍을 띄고 있다. 단순히 과거에 대한 그리움이 아니라 과거의 향수를 현재의 감성에 맞게 재해석하는 것을 의미한다. 이러한 뉴트로 열풍이 젊은 세대에게 큰 인기를 끌고 있는 이유는 경험해보지 못했던 과거 아날로그 제품에 대한 감성이 이들에게 상당히 '힙' 한 신선함으로 다가서고 있어서다.

바로 급격한 디지털 문화로의 전이가 가져다 준 반작용 현상이다. **아날로그가 가지는 장점을 취하여 디지털과 결합할 때 안정적 생활 또는 삶의 자리들이 제 기능을 다할 수 있다. 문화적 현상뿐 아니라 삶의 방식에서도 디지털과 아날로그가 잘 버무려지는 '디아밸' 이 필요하다.**

우리는 '행복하기' 의 문제를 풀며 인생을 보낸다. 직장 생활 가운데 일과 삶의 균형, 디지털과 아날로그의 균형이 다 같이 움직일 때 행복하기에 한 걸음 더 다가서지 않을까.

내게 일과 삶의 균형이 될 만한 실행 과제는 무엇일까? 내게 디지털과 아날로그의 균형이 될 만한 실행 과제는 어떤 게 있을까?

05 /

어떻게 하면
9시 뉴스에 나올 수 있을까

예나 지금이나 신상품이 출시될 때면 항상 괴롭다. 신상품 론칭 프로모션의 준비 때문이다. 어떻게 하면 색다를까. 어떻게 하면 고객의 시선을 끌 수 있을까. 성공적인 신상품 붐을 이끌어 내려면 어떻게 할까. 괴로운 숙제다.

밀레니엄 시대를 막 시작하는 2000년, 5월 신상품 출시를 앞둔 3월초 어느 날, '신상품 론칭 프로모션이 이게 뭐냐' 고 CEO로부터 엄청난 질타가 쏟아진 후 영업본부는 초비상이다. 급하게 전사 차원의 '론칭 프로모션 T/F' 가 구성된다. TF팀장으로 참여하게 되었다. 아, 괴롭다.
  4명으로 구성된 TF 회의를 며칠째 계속하는데 답보 상태다. 전체적인 구성은 쉽게 마칠 수 있는데, 결국 핵심은 차별화된 프로모션 콘텐츠를 만들어내는 것이다. 외부 마케팅 대행사를 불러 아이디어를 모아보지만 역부족이다.

"저녁 9시 뉴스에 소개될 만한 아이디어 하나 딱 나오면 대박일 텐데."

회의 참석자 누군가가 자조 섞인 소리를 한다. 순간 번뜩이는 뭔가가 뇌리를 스친다.

[신상품 론칭 프로모션]

• 월드컵 맞이 아름다운 한강다리 만들기 캠페인
- 대상 : 성산 / 양화 / 서강 / 마포 / 원효 / 한강 / 반포대교
- 각 대교에 각종 디자인 및 네온 설치를 통한 월드컵 맞이 준비
- 총 예상 비용 : 6억 (교량당 1억)
* 비용 당사 부담 : 신상품 매출의 1%를 캠페인 기금으로 제공
- 기간 : 2000.5월 ~ 2001.12월

• 아름다운 한강다리 만들기 캠페인 론칭 행사
- 일시 : 2000. 5. (수요일)
- 캠페인 론칭으로 마포대교 청소하기 : 서울시, 한강관리본부, 소방본부 사전 협조
- 비행선, 소방선, 살수차 및 전 임직원 교량 청소 참여
- 신상품 론칭 행사 플래카드 노출로 캠페인의 공익성과 연계

월드컵을 앞두고 경기장과 각종 시설 및 인프라 정비가 한창 진행 중이었지만 소프트한 노력들은 거의 없던 상황이었다. 한강에 교량은 많지

만 철골구조물 덩어리 자체다. 외국의 유수한 명물 다리를 능가할 수는 없겠지만 나름 디자인을 입히고 감각적인 네온 조명 정도면 외국 관광객들에게 인기를 끌 수 있을 것으로 보였다.

"〈아름다운 한강다리 만들기〉라고 쓰인 플래카드를 길게 늘어뜨린 흰색의 비행선이 마포대교 위에 떠서 행사를 알리고, 서너 척의 소방선이 한강에 떠서 마포대교 교량에 포물선을 그리면서 물을 뿌리고, 대교 위에서 서울시장과 우리 회사 CEO가 함께 교량 청소를 하며, 그 뒤로는 수백 명의 임직원이 열심히 함께 청소를 한다."

흰색 비행선과 물을 뿌리고 있는 소방선이 마포대교와 한 앵글에 들어오는 장면을 그려본다. 그림을 상상해보면 저녁 9시 뉴스에 나올 만하지 않은가. 월드컵이라는 시사성과 아름다운 한강다리 만들기라는 공공성이 방송국에도 충분히 매력적일 것으로 생각되었다. 회사의 홍보 능력을 끌어올리면 다음 날 신문 사회면에도 적잖은 기사 라인을 뽑을 수 있을 것이었다. 관련 기관과의 협의도 그렇게 어렵지 않아 보였다.

뉴스 내용으로 저 행사를 누가 왜 하는가의 설명이 나올 수밖에 없고, 모 회사가 신상품 론칭을 맞아 캠페인을 전개한다는 설명은 불가피한 사안일 것이었다. 전 국민에게 이 정도 인지도를 끌어 모으기 위해 지불해야 할 광고비를 생각하면 얼마나 깜찍한 기획안인가.

하지만 이 프로모션 안은 임원들 선을 넘지 못하여 CEO에게 보고도 되지 못한 채 사장되었다. 지나치게 파격적인 데 대한 부담감이 큰 탓이다. 이후 한강다리에 네온이 깔리고 디자인이 하나씩 더해가며 아름다운 한강다리로 이름을 높여가는 모습을 볼 때마다 아쉬움이 크다.

나는 이때의 일을 생각하면 아인슈타인의 말이 떠올라 그가 왜 위대한 과학자이자 사상가인지, 새삼 무릎을 친다.

"논리는 당신을 A에서 B로 이끌 것이다. 그러나 상상력은 당신을 어느 곳이든 데려가줄 수 있을 것이다."

직장 생활 가운데는 '파격'이 필요한 때가 있다. 무언가 돌파구가 요구될 때면 어김없이 새로운 아이디어를 필요로 한다. **새로운 아이디어에는 '상상력'이 필요하다.** 상상력은 기존에 하고 있는 것이나 있을 법한 것들을 뛰어넘는 파격을 담아내야 한다.

이러한 상상력은 연습의 결과물이다. 업무 가운데 익숙해져 매너리즘에 빠지는 자신을 두려워해야 한다. **자신을 돌아보면 혹시 언제나처럼 당연히 그렇게 해야 된다는 습관으로 일하고 있지는 않은가. 선배한테 배운 바대로, 혹은 다른 부서나 다른 회사도 다들 그렇게 하고 있으니까 하지는 않은지 말이다.**

습관 또는 익숙함에게서 벗어나는 변화가 먼저 있어야 한다.

다음은 한붓 그리기의 예제로 왼쪽 그림의 점 9개를 손을 떼지 않고 4개의 선으로 모두 연결하는 것이다. 오른쪽 그림과 같이 그릴 수 있다. 요점은 무엇인가. 바로 사각형을 벗어나야 한다는 것이다. 선을 사각형 안에서 그리려고 하는 우리의 '익숙함'을 벗어나야 하는데 이것이 습관화될 때 우리는 '파격'의 자신, '상상력'의 자신을 만날 수 있게 된다.

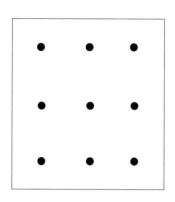 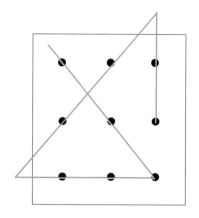

출처: 샘로이드 퍼즐 백과사전

어떻게 상상력을 키울 것인가도 중요하지만 직장 생활에서 또 중요한 것은 타인의 상상력을 인지할 수 있는 공감 능력이다.

내가 만드는 상상력도 중요한 만큼 타인의 상상력도 중요하다. 아마 전체 규모로 보면 타인이 만드는 상상력의 기회가 훨씬 많을 것이기에 '이를 실질적으로 받아들일 줄 아는 가능성을 내 안에 가지고 있느냐' 또한 중요한 부분이다. 나의 가슴과 눈이 함께 파격의 도구가 되기를.

06

직장을
옮긴다는 것

직장을 천직으로 여기던 시절은 지났다.

2017년 사업보고서 기준으로 국내 시가총액 상위 3대 기업들의 직원 평균 근속연수는 10.7년으로 나타났다. 제조업 계열이 18년 정도로 높은 반면 서비스 계열이 4년 정도로 낮다. 여기에는 상대적으로 설립 연한이 짧거나 성장세가 큰 서비스 계열의 특성상 짧아보이는 영향도 있다. 이런 평균 근속연수는 중소기업으로 갈수록 짧아지는 경향을 보인다. 근속 연한은 직장의 안정성을 대변한다. 한번 기업에 입사하면 주체적으로 전직을 할 일은 일어나지 않다 보니, 직장 생활의 모토조차 성실 근면이 강조되었다.

5060세대에게는 '평생 직장'이란 단어가 뭔가 열심히 살아간다는 표식과 같이 여겨졌다. 근속이라는 개념도 덩달아 존중되고, 온 가족이 참석하고 모든 직원들이 함께 축하해주었던 정년퇴임식은 이제는 국어사

전 속으로 들어간 희귀한 단어가 된 지 오래다.

　이러한 변화는 세태의 강박함이 아니다. 직장의 패러다임이 변한 것이다.

　연차가 승진을 보장하던 시절에는 직장에서 어떻게든 잘 버티는 것이 중요했다. 버티기로 쌓은 경력이 실력을 대변해주는 시대는 흘러간 옛이야기가 되었다. 40대의 대기업 임원이 보통이고 기업의 크기와 연봉 규모가 상관 관계를 잃어가고 있다. 일과 삶의 균형이 중요한 가치로 대두되면서 최적의 시간에 최대의 효과를 추구하는 업무 패턴과 방식이 기업들에 확산되었다. **기업은 점차 사회가 요구하는 합리적 사고의 총아로 채용의 방향성을 틀고, 조직과 개인이 함께 성장하는 프로그램으로 기업의 체질과 문화를 변화시키고 있다.**

　이제 직장을 옮긴다는 것은 과거와 같이 실패 후 다행스런 안착의 개념이 아니라 더 나은 환경으로 이동할 수 있는 능력자의 합리적 선택지가 되었다. 더 나은 급여, 보다 좋은 복리후생, 쾌적한 근무환경, 더 넓은 성장 가능성 등이 직장을 옮기는 이유로 꼽힌다.

　그럼에도 불구하고 이직의 유형은 다양하다. 첫째는 내 능력이 높이 평가되어 스카우트되는 경우로 가장 행복한 유형이다. 둘째는 더 나은 조건을 찾아 스스로 선택하는 경우다. 대부분 기존의 회사에 다니면서 새로운 구직 활동을 하다가 성사되면 바로 옮겨가는 경우로 안정적 이직 유형이다. 첫째와 둘째가 자발적 이직 유형이라면, 셋째는 다니던 직장에서 불만 또는 마찰로 그만둬야 하는 경우로 비자발적 유형이다.

출근을 했는데 옆 자리가 비었다. 그 자리의 주인이던 이 대리가 어제까지 출근하고 회사를 그만두었다. 한 해 차이로 입사해서 줄곧 함께했던 터라 동료를 잃은 느낌이 들어 허전하다. 회사생활도 열심히 하고, 퇴근 후에도 치열하게 사는 모습을 보아왔던 터라 갑작스런 퇴사가 당황스러웠다. 그날 저녁, 송별회를 끝내고 멋쩍은 악수를 나눈 우리와 그는 그렇게 헤어졌다.

며칠 전, 이 대리가 퇴근 무렵에 한잔하자고 해서 그러자고 했다. 그는 회사 근처 술집에서 속내를 담담히 털어놓았다. 퇴사를 하기까지 혼자 가슴앓이 하던 속 이야기가 그냥 열심히만 직장 생활을 하던 내게 아직도 진하게 남아 있다.

"너도 조금은 알고 있지만 내가 집안형편이 어려워 대학생활이 힘들었지. 비록 취업에는 성공했지만 학자금 대출도 상환해야 하고, 어려운 집안도 보살펴야 해서 경제적으로 상당히 빡빡한 게 현실이었고. 너도 마찬가지였겠지만 굴지의 A광고대행사에 가고 싶었으나 스펙이 부족하여 감히 엄두를 내지 못하고 중견 광고대행사인 지금 회사에도 간신히 입사했잖아. 감사하고 만족할 수도 있겠지만 최고의 광고인이 되고 싶다는 꿈에는 턱없이 부족한 게 사실이었거든. 팍팍한 현실 속에서 편하게 안주할까 하는 생각도 많았지만, 10년만 열심히 꿈을 좇아보자고 다그쳤어. 퇴근 후 어학 공부도 하고, 크리에이티브 관련 공부를 해오면서 3

년 전부터는 휴가를 내고 해마다 칸에서 열리는 칸 라이언즈 광고 페스티벌에 갔었어. 덕분에 다른 휴가들은 다 포기했지만. 작년 칸 라인언즈의 한 포럼에서 토론에 참여한 적이 있었는데 한국인 참석자 중 한 사람이 오더니 내가 인상적이었다며 같이 일해보지 않겠느냐고 명함을 주더라. 그 사람은 A광고대행사의 팀장이었고. 우연한 기회를 만났지만 6년간의 노력이 없었다면 가능했을까 싶어. 이제 옮기더라도 또 다른 시작이라고 생각할 거야. 아직도 가야 할 길이 많이 남았거든."

간밤의 술자리 여운이 남았는지 아침 사무실 분위기가 조금 무겁다. 만년 과장으로 지내던 박 과장이 회사를 그만두었다. 협력 관계에 있는 중소기업으로 직장을 옮기는 그의 새 출발을 축하하는 자리였지만, 남일 같지 않아 다들 안타까워하는 마음이 있기 때문이다.

박 과장은 인간성 좋고 성실했다. 업무에서는 효율적이지 못하고 느리다는 평가를 받았다. 연공제에서 능력제로 인사 제도가 변화하면서 매번 하위평가를 면하지 못한 탓에 과장만 12년째이고 연봉은 계속 깎여서 대리 초봉 정도를 겨우 받고 있었다. 회사가 희망퇴직을 시행하자 자의반 타의반으로 전직을 신청했던 터다. 다행히 협력사에 작은 자리를 얻게 되었다.

제법 술잔이 돌고나서 그가 독백처럼 말하던 소회가 머릿속에 계속 남는다.

"크게 미련은 없지만 아쉬움은 조금 있네요. 어디서부터 잘못되었는지 모르겠어요. 사원 시절엔 제법 스마트하다는 이야기를 들었던 거 같은데. 한번 밀리기 시작하니 의욕이 떨어지고, 두 번 밀리니 조금 당황스러워 어떻게 해야 할지 모르겠고. 그러다보니 시간은 계속 가버리데요. 여러분은 한 번쯤 냉정히 자기를 돌아보았으면 좋겠네요."

'직장은 천직'이라며 평생 직장을 이야기하던 시대는 지난 지 오래다. 최근 직장을 옮기는 이유를 보면 전망이 좋지 않아서21.7%, 능력 대비 낮은 급여16.9%, 워라벨이 낮아서13.0%, 인간관계 불만12.5% 등을 꼽는다. 이직이 성공적이었는지에 대해서는 54.3%가 만족스럽다고 한다.

직장인 대부분은 이직 또는 전직과 같이 현재의 직장을 떠나는 걸 생각해본 적이 있다. 이유는 다양하겠지만 대부분 현 직장에 대한 불만족이 주를 이룬다. '다른 회사는 뭔가 다를 것'이라는 기대, '이직 후엔 지금보단 분명 나을 것'이라는 희망이 직장인들을 이직으로 이끈다.

'직장 옮겨봐야 다 거기서 거기'라고 하는 이들이 있다. 갈등을 피해서 직장을 옮겼더니 또 다른 갈등이 기다리고 있더라는 거다. 연봉을 더 준대서 갔더니 역할이나 분위기가 기대와는 영 다르다거나 사생활을 누릴 겨를이 없더라고 하니 안타까운 일이다.

이직 시 연봉의 상승폭이 최소한 30% 이상 되어야 새로운 조직 문화에의 적응 리스크를 감안할 때 적절하다고 하는 이들에게도 이직은 성공적 선택이 되지 못하는 경우가 많다. 결국 대부분은 현재 직장의 장단점 가운데 장점의 변화는 염두에 두지 않고 단점의 보완만을 생각하는 경우가 많은 때문이다.

이렇게 한번 시작한 이직의 경험은 쉽게 새로운 조직에서 경험하게 될 단점에 대한 내구력을 떨어뜨려 또 다른 이직을 선택하게 되고, 오히려 첫 직장에서 견디고 지내는 것보다도 못한 결과를 가져오기도 한다. 무엇이 문제일까. 이직은 가급적 해서는 안 되는 것일까.

이직은 긍정의 변화가 전제되어야 한다. **현재 직장이 싫어서 옮기는 이직은 다른 실패의 첫걸음이다. 이직은 나의 발전을 위한 커리어 패스를 위한 과정이어야 한다.** 성공적인 이직은 스스로의 단계별 발전 로드맵에 도움이 되는 선택이 될 때 가능하다. 현재의 직장이 본인의 업무 능력이나 리더십 성장에 도움이 되지 않는다고 생각하면 바로 다른 직장을 찾아야 한다.

내가 이직을 선언했을 때 기존 회사에서 여러 가지 당근을 제시하며 재직을 회유한다면 바로 이직의 절정 시기이다. 사실 인간관계나 업무 과다, 약간 차이 나는 연봉 등은 이직의 사유로 적절치 못하다. 어떤 곳이든지 다양한 형태의 갈등이 없는 조직이 있을 수 없기 때문이다. 회사의 비전, 경력 개발 촉진과 같은 요소가 바로 이직의 순기능으로 적합한데, 여기서 가장 중요한 것은 본인의 경쟁력이다. 이직을 하고자 할 때 현재 직장에서도 알았다는 반응이고 옮기고 싶은 직장에서는 답을 주지 않는다면 당신은 자기 경쟁력에 대해 냉철히 고민해보아야 한다.

나는 준비되어 있는 걸까? 내 직장 생활의 최종 목표는 무엇이고 어떤 과정을 거치고 싶은 걸까? 나는 지금 희망하는 직무에 대해 충분한 경쟁력이 준비되어 있는 걸까?

■ 누가 봐도 끌리는 '이력서' 채우기 전략

이제 '평생 직장' 개념은 흘러간 노래가 되었다. 그 대신 '평생 직업' 개념이 뜨고 있다. 아무리 직장이 자주 바뀌고 설령 독립을 한들 직업은 바뀌지 않는다는 것이다. 나는 이제 막 입사한 신입사원이지만 지금부터 이력서 관리를 할 필요가 있다. 그 이력서에 무엇을 채울지는 내가 살아가는 직업 인생이 말해줄 것이다. 이력서에 "무엇을 채울지?" 자각시켜 주고 분발시켜 주는 좋은 방법은 해마다 한 번씩 나의 이력서를 갱신하여 써보는 것이다. 그러다 보면 이력서도 똑똑해진다. 그렇지 않고 직장을 옮기려고 할 때 가서야 5년 만이든 10년 만에 새삼스럽게 이력서를 쓰려고 하면 어찌 살아왔는지 기억도 가물가물하고, 10년이 날마다 그날이 그날 같은데 뭘 써야 할지도 모르게 된다. 그러니 명심할 것, 내 이력서는 해마다 고쳐 쓸 것.

그렇다면 '누가 봐도 끌리는 이력서'는 어떻게 무엇으로 채워야 할까?

1. 나는 무엇을 할 수 있는지 자격을 증명한다

요즘은 각 직업 분야에 관련된 다양한 자격증 제도가 시행되고 있다. 그 가운데 직장에서 중요하게 여기거나 자기 직업의 가치를 업그레이드하는 데 필요한 자격증을 미리 획득해나간다면 해마다 더 매력적인 이력서를 갱신할 수 있다. 무엇보다 그것은 자기 직업에서 자격을 증명하는 확실한 증표다.

2. 영어와 함께 제2외국어 하나쯤은 익혀둔다

요즘 같은 글로벌 시대에 외국어 능력과 전혀 무관한 직업이나 생활은 거의 없다. 사실 그 이전에 같은 직장, 같은 직업이라도 외국어 실력이 있으면 더 중용되고 가치가 높아지게 마련이다. 해외 출장도 그렇고, 해외 주재원 파견도 그렇고 영어는 물론이고 해당국의 언어에 능통한 직원을 발탁하는 것은 당연한 일이다. 그런 기회는 미리 알려주고 오는 게 아니라 대개 갑자기 오는 법. 그러므로 기회는 준비된 자만의 것이다. 아, 그 이전에 먼저 한국어를 제대로 구사할 것. 모국어라고 방심했다간 '우리말 문맹자'로 낙인찍히기 십상.

3. 대학에서의 전공 외에 평생직업 전공을 공부해둔다

대학 전공이 직업 분야와 무관한 경우가 많다. 그렇다면 더욱 평생 직업을 뒷받침할 전공 공부가 필요하다. 만약 대학 전공이 직업 분야와 직결된다면 대학원 공부로 전공을 심화시키거나 다른 필요한 연결 전공을 하나 더 공부하는 것 가운데 선택할 수도 있다. 직장인이 그럴 시간이 어디 있느냐고 하겠지만 의지만 있으면 얼마든지 공부할 수 있는 환경이 갖춰져 있다. 야간 대학원과 사이버 대학도 있고, 각종 온라인 강의, 유튜브 콘텐츠도 풍성하다. 더구나 그런 공부라면 응원하고 지원하는 기업들도 늘어나는 추세에 있다.

4. 업무 경력을 꼼꼼하게 정리해뒀다가 써먹는다

영업 업무 5년, 기획 업무 10년, 관리 업무 15년… 이런 식의 막연한 이력 작성은 어떤 감흥이나 매력도 주지 못한다. 영업 업무를 담당한 5년 동안 어떤 업적을 달성했는지, 기획은 어떤 획기적인 기획력을 발휘했는지, 관리라면 어떤 전략으로 품질 향상을 이루고 원가나 경비를 크게 절감했는지 하는 내용을 구체적으로 적어야 한다.

07

다면평가가
불러온 나비효과

직장 생활에서 평가는 매우 중요하다. 과거에는 평가에 의해 승진 여부가 결정되었다면 이제는 승진과 연봉까지도 결정하게 되었다. 직장 생활의 모든 것이 평가로 결판나게 된 것이다. 그래서 직장인은 평가를 위해서 일하고 평가에 따라 울고 웃는다.

평가는 대개 상반기와 하반기로 나누어 실시한다. 대부분 하향식 평가 제도를 운영하고 있으며, 상대평가 방식이다. 평가자는 쉽게 이해하면 결재권자와 동일한데, 1차 평가자는 부서장, 2차 평가자는 담당 임원이다.

부서장이 업무 결재권과 인사 평가권을 보유함으로써 매우 효과적으로 조직을 장악한다. 반면에 성과와 역량을 객관적으로 측정하지 않고 연공이나 직급 위주로 평가 결과가 편향되는 경우도 발생한다. 이런 불합리성을 개선하기 위한 대안으로 검토되는 것이 다면평가 또는 다면진단이다.

다면평가는 상사 1인이 평가하는 것이 아니라, 동료나 부하직원도 평가에 참여하도록 하는 평가 방식이다. 입체적인 피드백 정보를 가지고 인력개발에 잘 활용할 수 있는 장점이 있다. 하지만 다면평가는 여러 장점에도 불구하고 잘못 도입되면 또 다른 문제점을 양산하기도 한다.

다면평가를 글로벌 기업은 '360 Degree Feedback' 이라고 부른다. 그리고 대개 업무 성과를 직접적으로 평가하거나 연봉 산정을 위한 평가와는 별도로 운영한다. 그래서 '평가' 라는 표현보다는 '피드백' 이라는 표현을 사용하는 것이다. 그러나 이렇게 다양한 평가제도의 도입과 시도는 평가자만을 바라보는 수직적 기업문화에 큰 변화를 가져오게 되었다.

최근 국내 일반기업 종사자 7만여 명을 대상으로 한 〈직장 내 관계만족도〉에 대한 공동 설문 조사 결과를 보면 평균 55점이다. 동료와의 관계만족도는 61점인 반면 상사와의 관계만족도는 47점이다. 관계만족도의 불만 점수를 보면 동료와는 16점인 반면 상사와는 35점으로 두 배 이상 차이가 난다.

직장만족도를 구성하는 3대 요소가 직무만족도, 관계만족도, 직장문화로 구성되는 점을 감안하면 관계만족도의 개선, 특히 상사와의 관계만족도 개선은 직장만족도를 높이는 중요한 요소임이 분명하다.

여기서는 평가제도 분석을 하려는 게 아니라, 평가와 관련하여 부서장에게 집중되던 관행의 변화, 즉 직장 내에서 모든 관계 관리의 중요성이 계속 심화되어가는 환경이 가속될 것이기 때문에 직장 생활에서 어디에 집중하는 것이 좋을지 말해보자는 것이다.

아웃도어회사인 AJ는 원자재를 계속 국내산으로 조달하고 있었다. 원자재가 차지하는 비용 비율이 5년 전 35%에서 작년도에 45%까지 상승하면서 영업이익률을 꾸준히 악화시켜 왔다. 원가 경쟁력 제고를 위해 과감히 해외 조달을 검토하기로 했다.

지난 3개월간 구매 팀 직원 4명이 중국 및 동남아 4개국에 출장을 나가 제조공장의 실태조사와 품질검사 및 물류체계 등에 대해 짧은 기간이지만 꼼꼼히 분석했다. 종합보고서를 작성하여 제출했고, 중국과 캄보디아의 수입체계 이원화 운영을 최종안으로 보고했다. 가격에서는 중국이 캄보디아보다 낮은 평점을 받았지만 수입선의 이원화로 공급의 안정성을 높이는 것이 좋다고 판단했다.

원자재의 비용 비율은 단일 수입선일 경우 20%, 중국과 이원화의 경우 25%까지 가능하다는 결론이었다. 그러나 보고 과정에서 담당 임원이 검토 결과를 틀었다. 20%의 단일 수입선을 선택했다. 안정성보다는 5%의 비용절감을 선택한 것이다.

그러나 임원의 선택에도 불구하고 파견 팀과의 전체 미팅에서 직원들의 강력한 주장으로 임원은 의견을 철회했고, 수입선 다변화 방안은 원안으로 결정되어 실행되었다.

그전 같으면 담당 임원의 선택은 곧 결정이었다. 그러나 임원의 판단이 항상 옳을 수는 없다. 그럼에도 종전에는 임원의 결정에 대해 좀처럼 반대의견을 내기 어려웠다. 임원이 일방적인 평가와 인사권을 가지고 있기 때문이었다. 팀장도 마찬가지였다. 수직적 평가구조에서 먹이사슬이 작용하는 탓이었다.

그러던 분위기가 조금씩 변하고 있다. 바로 다면평가제의 순기능이다. **부하직원이 상사를 평가할 수 있는 구조는 직장 내 수직적 의사결정 구조의 변화를 가져오고 있다.** 상호간의 합리적 의사결정은 분명 새로운 모습이다.

직장 내 관계 관리 또한 변화하고 있다. 정점의 사람을 중심으로 줄서기 문화가 있었다면 점차 개인의 역량이 중시되고, 부하직원에 대한 존중하기의 모습이 보이기 시작한다. 관계는 각자의 역량과 성향에 따라 형성되어간다. 가장 중요한 요소는 역시 개인 역량이다. 조직 생리상 평가는 승진 및 보상과 연계되어 움직이기 때문에 평가제도의 변화가 가져온 나비 효과는 직장 내 전 분야에 넓게 확산되고 있다.

이제 중요한 것은 개인의 역량이다. 역량은 창의성으로 발현되며, 창의성은 차별화로 구현된다. 남들과 다름이 중요하다. 다르게 생각하는 출발은 바로 '왜?' 라는 물음을 던지는 것으로 시작된다. '왜' 라고 물음으로써 우리는 기존의 문제점이 보이기 시작하고 새로운 방법이 고민되기 때문이다. 지금부터는 어떤 일이든지 그냥 넘어가지 말고 반드시 이유를 묻자.

"왜?"

08

직장에서
실수와 실패에 대한 감점은

시가총액 1조 달러를 넘어선 아마존의 성공 비결을 이야기할 때면 "혁신을 위해 구성원들이 마음껏 실패할 수 있는 기업문화"라는 슬로건이 어김없이 등장한다. 실제로 아마존의 놀라운 성공 스토리 뒤에는 수많은 실패가 존재한다. 아마존에서 혁신은 실패를 영양분으로 먹고 자라는 나무와 같다.

"나는 실패한 것이 아니다. 나는 효과가 없는 1만 개의 방법을 발견한 것뿐이다."

실패를 밥 먹듯이 하면서도 그런 실패 속에서 성공을 하나씩 길어올린 발명가 토마스 에디슨의 명언이다. 천재라고 해서 실패 없이 되는 일은 아무것도 없다는 말이다.

오죽하면 '실패학'까지 등장했을까. 성공을 위한 최대의 적을 성공 그 자체로 본다. 환경의 변화에 대응해 부단히 노력하는 대신에 과거 성공의 경험에 안주해버리려는 안이한 생각이 자리 잡기 때문이다.

최근 100년간 인류의 수명을 가장 극적으로 확대시킨 사건으로 페니실린의 개발이 꼽힌다. 아울러 페니실린의 개발에 항상 따라다니는 실수와 성공의 이야기가 있다. 깨진 창문으로 들어온 푸른곰팡이에서 우연히 발견된 페니실린은 영국의 생명공학자 플레밍이 포도상구균을 기르던 접시를 배양기 밖에 둔 채로 여름휴가를 가는 바람에 실수로 발견되었다. 휴가를 다녀와서 본 접시 위에는 푸른색 곰팡이가 자라 있었고 곰팡이 주변의 포도상구균이 깨끗하게 녹아 있는 모습을 발견하면서 페니실린이 탄생했다. 이때 중요한 것은, 우연히 발생한 곰팡이를 치워버리지 않고 연구 대상으로 삼은 플레밍의 열정과 안목이다.

실수와 실패는 같은 것일까, 다른 것일까. 보통은 성공한 이야기를 언급할 때 실수와 실패를 구분하지 않지만 어감은 완연히 다르다. 실수는 '부주의로 잘못을 저지르는 것'이고 실패는 '일을 잘못하여 그르치는 것'이다. 어떤 일을 하는 데 부주의하게 해서 잘못된 것과 최선을 다했지만 잘못된 것의 차이를 보면, 결과는 같지만 과정은 전혀 다르다. 플레밍은 '실수'를 한 것이고 에디슨은 '실패'를 한 것이다.

직장에서 실수는 대개 용납되지 않지만 실패는 용납되기도 한다. 물론 실수의 결과에서 혁신적인 것을 이끌어냈다면 다른 문제가 되겠지만. 그럼 직장에서 실패는 대부분 용인되는 것일까? 안타깝게도 흔한 일이 아니다.

농구 황제로 불리는 마이클 조던도 무수한 실패를 말하면서 '성공이 있다면 그것은 그 실패에서 나온 것'이라고 고백한다.

"나는 내 농구 경력에서 9,000개 이상의 골을 넣지 못했다. 나의 거의 300경기에서 졌다. 나는 26번 승리를 위한 골 기회가 주어졌을 때 넣지 못했다. **나는 내 인생에서 실패하고 또 실패했다. 그리고 그것이 내가 성공한 이유다."**

어떤 좋지 않은 사례에 대해 실수인지 실패인지를 판단하는 잣대가 먼저일 것이다. 기업에는 감사라는 직무가 있다. 직원이 회사의 규정이나 제도에 어긋나게 행동함으로써 회사에 손실을 가져오는 경우, 원인을 파악하고 책임 소재를 규명하는 부서다. 가장 주요한 기준은 회사가 허락한 일이었는지 여부다.

프로젝트를 수행할 때는 항상 품의서를 통해 회사 내의 유관 부서에 이러저러하게 이행해도 되는지 확인을 받고, 결재권을 가진 책임자들에게 승인 절차를 밟는다. 이렇게 승인 받은 프로젝트의 결과가 안 좋은 경우에 프로젝트는 실패했다고 평가된다. 그런데 승인 받은 내용과 다르게 실행되어 프로젝트의 결과가 안 좋았다면 다르게 실행한 것은 실수로 평가될 수밖에 없다. 실패와 실수의 잣대는 '승인 받은 내용대로 실행했느냐 하는 것이다.

이렇게 되니 품의서 작성이 중요해진다. 대개 품의서를 요식 행위로 보는 경향이 있다. 일종의 절차로만 이해하는 것이다. 그러나 품의서는 왜 이 일을 해야 하고, 어떻게 할 것이며, 진행 과정에서 발생할 수 있는 여러 리스크를 방지하기 위한 절차들을 하나씩 점검하고, 소요되는 비용과 일정, 지원받아야 할 업무 및 결과물의 기대 효과를 체계적으로 정리하는 프로젝트의 결정체다. 쉽게 정의하면 품의서를 작성할 때 나의 마인드가 'in my own business' 이면 된다. 나의 직급이나 위치를 생각지 말고 '내 일' 이라는 관점에서 보면 된다.

이렇게 준비된 프로젝트도 좋은 결과를 내지 못하고 실패의 쓴잔을 들 수 있다. 무엇이 당초 품의서에서 기획한 것과 다르게 움직인 것인지 비교한다. 그 차이를 이해하고 다음 프로젝트에서 활용할 수 있다면 값진 실패의 경험을 갖게 된 것이다.

이제 새로운 프로젝트를 준비할 때 마인드 셋을 'in my own business' 로 맞춰본다. 그리고 **결과에 대해 꼭 리뷰하는 습관을 들인다. 그러면 성공의 길이 보일 것이다.**

09

직장 스트레스는
어디서 어떻게 올까

아침에 출근해 메일을 열어보니 40개 정도의 새로운 메일이 인사를 한다. 대충 훑어보면 제목만으로도 뭔가를 보고해 달라는 메일, 회의가 있으니 오라는 안내 메일, 자료 빨리 보내달라는 메일들이 가슴을 벌써 콩닥거리게 한다. 메일들을 하나둘 쳐내다보면 또 얼마만큼의 메일이 새로 오고, 새로운 업무 지시도 떨어질 텐데. 시작도 하기 전에 한숨부터 나온다. 출근하면 여유롭게 커피 한 잔 마시면서 하루를 시작할 수는 없을까.

직장인의 아침 일상이다. 일이 너무 많다. 쳐내도 끝이 없다. 뭔가 새로운 고민을 해야 하는데 시간 여유가 없다. 나도 충분히 회사의 미래 전략을 만들고 눈이 부시게 뛰어다니는 엘리트 사원이 될 자신이 있는데. 워라밸이 뭐지. 퇴근하면 녹초가 되어버리는 걸. 하루가 한 달이, 1년이 매일처럼 이렇게 지난다면 얼마나 끔찍할까.

조금 전 경쟁사의 신상품 대응 전략회의가 있었다. 하필 내가 담당하는 제품의 경쟁상품이다. '경쟁사가 이렇게 출시할 때까지 정보도 몰랐느냐, 뭐하고 있었느냐, 이제 어떻게 할 거냐, 너는 생각이 있는 거냐'는 둥 힐난이 난무한 회의였다. 마치 내가 회사를 말아먹은 역적이라도 된 듯이 몰아붙였다.

아니, 회사 안의 기획팀이나 전략팀도 같은 배를 타고 있는데 왜 영업팀인 나에게만 비난을 쏟아붓는 거지? 이럴 때는 서로 힘을 합쳐 대응책을 만들어야 하는 거 아닐까. 그러고는 나더러 내일까지 대응 전략을 만들어 보고하란다. 아, 바다가 보고 싶다.

어디서부터 잘못되었을까. 회사 내에 나를 도와주는 사람이 거의 없다. 지방 대학 출신이어서 그런 걸까. 퇴근 후 이런저런 사내 소모임에도 열심이고, 점심시간이면 소위 사내정치를 위해 타 부서 사람들과 식사도 참 자주 했는데. 어학학원을 다니거나 컴퓨터 능력 업그레이드를 위해 강좌도 들어야 하는 걸 다 포기하고, 관계 관리에 돈과 시간을 투자했건만 이제 어쩌지? 아, 고향에 가서 농사 짓고 살까.

5만 원짜리 비품 구매 건을 혼자서 처리했다. '이 정도는 담당자가 전결처리해도 되겠지' 했는데, '왜 그걸 품의 없이 멋대로 처리했느냐'며 엄청 혼났다. 그래서 20만 원짜리 비용 지불 건이 있어서 품의를 했더니, '이런 건 알아서 하면 되지' 하고 또 혼났다. 단순히 금액의 문제가 아니라 품목별로 뭔가 규정이 다른 것 같은데 좀 친절히 알려주면 안 되나.

자기는 처음부터 잘했을까.

실습 기간을 마칠 때만 해도 자신감이 넘쳤다. 모르는 일이 있으면 선배들에게 열심히 물어보면서 하면 되고, 패기와 끈기를 열정에 똘똘 말아 '일 잘하는 직원' 소리를 들으리라 다짐했건만. 주어진 일들은 구체적인 설명 없이 툭 떨어지고, 모르는 부분을 물어보고 싶은데 다들 바빠서 물어볼 엄두는 안 나고, 용기를 내어 물어볼라 치면 "응, 좀 이따" 하고 손사래들을 친다. 게다가 일처리 못한다고 두어 번 깨지고 나니 더더욱 움츠러들기만 한다. 나는 그렇게 '엘리트 직원'에서 멀어지는 듯하다.

아침에 일어나면 출근해서 부닥칠 일들이 떠올라 골치가 지끈거린다. 출근길에 회사 건물을 마주보고 있으면 갑갑할 때가 있다. 회의에 참석해서 말하는 게 겁나서 주로 듣기만 한다. 사무실에서 지나가는 상사와 눈 마주치는 게 싫다. 사내에 얼굴 마주치기 싫은 사람이 몇몇 있다.

위에서 말한 증상에 고개가 끄덕여진다면 직장 스트레스가 있는 것으로 보이며, 고개가 크게 끄덕여질수록 스트레스 강도는 높은 것이다. 스트레스는 흔히 긴장과 혼동되기도 하는데, 정서적으로 부정적인 것들을 스트레스로 본다면, 직장 스트레스는 주변 환경에서 비롯된 것이다. 업무 강도가 높아서도 그렇지만 사내 인간관계 때문에 스트레스 받는 경우가 대부분이다.

직장 근처의 상가들을 보면 예전에는 술집이 많았다. 병원이라고는 내과, 치과가 대부분이었는데 어느새 정형외과, 한의원이 널리 자리 잡고, 헬스클럽에 필라테스가 들어선다. 어학원이 생기더니 각종 악기 레슨 학원이 보인다.

모두 스트레스와 연관이 있다고 본다. 한잔하면서 풀던 스트레스가 육체적 피로도로 축적되면서 각종 디스크와 근육 뭉침으로 표출되기에 이르고, 치료와 예방을 위한 여러 대안 아이템들이 제시되기에 이른다.

직장 스트레스는 결국 자기 변화에 의해서만 해소가 가능하다. 직장 내에서 스트레스 극복을 위해 '나는 무엇을 할 것인가' 와 직장 밖에서 스트레스와 멀어질 수 있는 자기만의 방법을 강구해야 한다.

'우리 회사에서 스트레스를 가장 덜 받는 사람이 누굴까' 하고 주변을 유심히 둘러본다. 그 사람들을 살펴보면 공통점이 일을 잘한다는 것이다. 결국 직장에서의 스트레스는 자기 경쟁력을 높여서 극복하는 것이 최선이다.

직장 생활에서 가장 뛰어난 경쟁력은 창의력이다. 창의력은 새로운 것을 생각해내는 능력이다. 꺼내놓고 나면 별것 아니라고 하겠지만 누구도 미처 생각지 못한 것들이다. 어떻게 하면 창의력이 뛰어나다고 사람들이 인정해줄까.

크든 작든 한 달에 한 가지씩 반년 동안 새로운 것을 제안하고 실행해 본다. 반년 후 나는 직장 내에서 창의적인 사람이 되고, 사람들이 내 발언을 경청하고 있음을 느끼게 될 것이고, 식사 요청을 받느라 바쁜 나를 만나게 될 것이다.

직장 밖에서는 스트레스와 멀어질 수 있도록 재미있는 뭔가에 나를 밀어넣어야 한다. 종전에는 주로 술에 자신들을 밀어넣었는데 술은 마시는 순간의 망각, 술을 깬 후 속쓰림과 함께 다가오는 더 커지는 자존감 상실의 악순환 아이템일 수밖에 없다.

그래서 내가 재미있어 할 것을 찾아야 한다. 나를 섬기고 살피는 것이다. 사람마다 주어진 상황이 다르기 때문에 자신만의 방법도 다르다. 여행, 등산, 책 읽기, 영화보기 등의 일반적인 방법도 있고, 동물 키우기, 그림 그리기, 노래 부르기 같이 눈에 보이면 바로 할 수 있는 방법들도 있겠다. 공상, 망상하기 같은 방법도 있을 수 있겠다.

순간을 셧다운하는 자기만의 방법이 스트레스 해소의 방법이다. 여기에 좀 더 가치를 부여하고 방법론을 확장시켜나가면 오래 지속하는 자신의 삶 속으로 온전히 자리 잡게 될 것이다.

10

보편성과 특별성이
만나 빚는 조합

'인재양성'을 경영 이념으로 내세우는 기업이 있다. 여기서 '인재'는 어떤 사람을 뜻할까.

신입사원들은 대부분 직장에서 뛰어난 인재가 되고자 하는 포부를 가지고 있다. 그들이 생각하는 인재상은 어떤 걸까.

"함께할 인재를 모십니다."

기업의 모집 공고에 빠짐없이 등장하는 문구다. 기업은 어떤 인재를 채용하고, 채용 후에는 어떻게 육성하고 싶어 할까.

인재人材는 사람을 집 짓는 재목材木에 비유한 말로, "어떤 일을 할 수 있는 학식이나 능력을 갖춘 사람"을 뜻한다. 여기서는 '어떤 일'에 주목할 필요가 있다. 기업에는 정말 '어떤 일'이 다양하다. 그래서 그 '어떤 일'에 따라서 '일반적인 어떤 일'을 처리하는 사람을 제너럴리스트 generalist라 하고, '특별한 어떤 일'을 잘 처리하는 사람을 스페셜리스트

specialist라고 한다. 여기 대기업에서 일한 지 20년쯤 되는 두 '인재' 의 인터뷰가 있다.

[김 팀장]

"저는 제너럴리스트 유형에 가깝습니다. 처음 제 관심 분야의 스페셜리스트가 되는 모습을 상상했지만, 여러 유관 부서들에서 업무 경험을 쌓아오며, 지금은 더 넓은 시야를 갖게 되었습니다. 다양한 경험을 쌓은 뒤에는 항상 문제 상황이 발생하면 타 부서와의 연계를 통한 문제 해결 방법은 없는지, 너무 우리 팀 내에서만 고민하고 있는 것은 아닌지 생각해보고는 합니다."

[성 부장]

"저는 입사 때부터 줄곧 비슷한 관련 업무를 담당해왔습니다. 맡은 일에 대하여 오랜 시간 집요하게 파고들며 공부하다 보니, 어느새 사내는 물론 타사에서도 독보적인 전문가로 인정받게 되었습니다. 누구보다도 해당 분야에 대해 깊숙이 알고, 어떠한 상황에서도 어렵지 않게 문제해결을 할 수 있는 저의 스페셜리스트로서의 모습이 자랑스럽습니다."

기업은 두 유형을 모두 필요로 하지만 21세기 들어 융복합의 시대가 확산되면서 두 유형은 융합 현상을 보이고 있다. 그래서 나오는 유형이 generalized specialist와 specialized generalist이다.

전자공학과를 전공한 직원을 신입 시절에 경리나 마케팅 부서에 배치할 일은 거의 없고, 생산 또는 연구 부서에서 근무를 시작하기 쉽다. 이처럼 이공 계열의 전공을 가진 경우는 대부분 스페셜리스트로 출발하겠지만, 인문 계열의 직장인의 경우는 경리, 경영관리, 인사, 마케팅, 영업 등 첫 배치 부서의 폭이 매우 넓다. 한 직무를 깊이 있게 숙성한 후 다양한 직무를 경험하는 방법과, 다양한 직무를 경험한 후 한 직무에 특화하는 방법 중 어떤 경우가 인재로 성장하는 데 더 유용한 방법일까.

먼저는 각자의 성격이나 삶의 방향과 연관이 클 수 있다. 여기저기 호기심이 많은 사람은 한 가지 분야에 몰두하다가도 다른 분야에 대한 궁금증을 갖게 되고, 일반화한 성향을 띄게 된다. 혹은 끈기가 있는 사람은 한 분야를 계속하여 깊이 파고드는 데 재미가 들리는 성향이 있다.

4차 산업혁명의 특징은 기술 속도가 빠르고 부문 간 융·복합이 일상화된다는 것이다. 그러면 어떤 유형의 인재가 더 경쟁력이 있을까. 기술의 변화 속도가 빠르다는 점에서는 스페셜리스트가 유리할 것 같고, 부문 간 융·복합으로 경계가 무너진다는 측면을 보면 다양한 경험을 축적하고 있는 제너럴리스트가 우위에 있다고 볼 수 있다. 이러한 양면성으로 인해 양쪽이 적절히 조화된 인재상이 제시되고 있는 것이다. **제너럴리스트와 스페셜리스트는 이제 다른 측면이 아니고 하나의 인재로 복합되어야 한다.**

"한 분야에 몰두하면서도 주변을 두루 아는 사람만이 변화를 추종하지 않고 변화를 주도하는 창조적 인물이 될 수 있으며, 이제는 스페셜리스트가 아닌 specialized generalist가 필요한 시대다."

삼성전자 반도체 신화의 한 주역인 황창규 사장이 서울대 이공계 학생 대상 특강에서 한 말로, 퓨전테크놀로지_{융복합기술} 시대의 인재상을 강조하고 있다.

"외교관은 특정 분야에서 남들보다 뛰어난 전문성과 자질을 갖춰야 하지만 어떤 문제에 봉착하더라도 주어진 환경과 시간 제약 속에서 전문가 수준에 버금가는 실력으로 임무를 완수해 낼 수 있는 specialized generalist가 되어야 한다."

조태열 외교부 제2차관이 외교관 후보자 과정 교육생들에게 강조한 말이다.

이공계 출신 또는 전문 영역 전공자는 specialized generalist가, 일반적인 인문계 출신은 generalized specialist로 양성되는 것이 좋다고 본다. 이공계는 한 가지 분야의 전문성 또는 기술력을 바탕으로 여러 분야를 아우르는 경험과 통찰력을 모두 갖추려고 노력해야 하며, 인문계는 여러 분야의 다양성을 융합해 새로운 가치를 창출할 수 있는 능력이 강조되어야 한다.

어떤 기업의 영업본부 안에 영업팀, 디자인팀, 마케팅팀, 구매팀이 편제되어 있다고 하자. 어느 한 팀에서 신입사원으로 시작하여 해당 팀의 팀장까지 된 사람과, 사원 때는 영업팀에서, 대리 때는 구매팀에서, 간부가 되어서는 마케팅팀에서 업무를 경험한 사람 중에서 누가 본부장이 되면 그 역할을 더 잘 수행할 수 있을까. 각 부서의 역량을 이해하고 상호 작용을 끌어내야 하는 업무를 말이다.

대개 한 부서에서 4~5년쯤 근무하면 부서 업무에 빠삭해진다. 물론 부서 업무도 경우에 따라서는 많은 곁가지가 있을 수 있으니, 능숙해지는 데 걸리는 시간이 다를 수는 있겠다.

주니어 시절에는 다양한 부서를 경험해 보고, 간부가 되면 본인이 쭉 성장하고 싶은 부서를 정해서 전문가 영역으로 진입하는 것을 본인의 커리어 패스로 설정해보는 것을 권유한다.

시간이 지나면서 설정한 커리어 패스를 계속 수정하고, 각 단계별로 필요한 역량을 끊임없이 축적하기 위한 노력을 기울일 때 generalized specialist가 된 당신은 어디서든 쓰임 받는 인재로 높이 평가될 것이다.

이제 '나만의 커리어 패스' 를 만들어보라. 어떤 단계를 거쳐갈 것인지, 각 단계별로 얼마만큼의 기간을 경험할지, 그리고 각 단계에 필요한 역량은 무엇인지 적어본다. 그리고 첫 다음 단계를 위한 필요 역량을 갖추기 위한 노력을 시작한다.

11/

더 이상
호모 이코노미쿠스가 아니라면

길을 걸어가다 만 원짜리를 주웠다. 그런데 호주머니에 넣어둔 만 원짜리는 그만 잃어버렸다.

만 원을 줍고 만 원을 잃었으니 본전일까?

대개는 잃어버린 상실감이 더 크다. 가치함수를 보면 사람은 이익과 손실 중 손실에 더 민감하기 때문이다. 인간의 독특한 경제 심리다. 이를 행동경제학에서는 '손실회피성' 이라고 한다.

인간이 이익보다 손실에 민감하게 반응하는 성향은 마케팅에서 실제로 활용되고 있다. 예를 들어 "돈은 나중에 내고 일단 한 달 정도 제품을 써보라"고 권유하는 판매 전략이 있다. 이는 특정 상품의 구매를 고민하고 있는 소비자에게 일단 그 상품을 갖게 함으로써 한 달 후 자신이 갖고 있는 제품을 잃는 손실감이 제품의 비용보다 크다고 생각해 결국 그 제품의 비용을 지불하게 되는 것을 이용한 전략이다.

집에 있는 TV를 바꿀 때가 되었다. 각 제품별 가격과 장단점을 비교하고, 판매 점포별로 할인이나 혜택이 뭐가 있는지 조사하고 TV가 놓일 공간까지 가늠하여 계수화한 후 최적의 상품을 선택하여 구매한다.

'과연 이런 사람이 있을까' 하고 의구심을 품겠지만, 주류경제학에서 경제활동의 주체가 되는 전형적인 인간형인 '호모 이코노미스트'라면 얼마든지 가능하다. 이들의 경제활동에는 한정된 자원으로 최대한의 만족을 누리기 위해 가능한 모든 정보를 효율적으로 활용하는 합리성과 자신의 이익을 최우선으로 고려하는 이기심이 깔려 있다.

그러나 인간이 선택이 필요한 순간에 그 선택에 영향을 미치는 모든 사전 정보와 변수를 숙지한다는 것은 인간의 인지능력상 한계가 있다. 어떻게 모든 TV 제품의 가격과 사양을 그리고 매장별 행사 내용까지 빠짐없이 조사할 수 있단 말인가?

경제학자 이준구는《36.5C 인간의 경제학》에서 "경제학 교과서를 보면 호모 이코노미쿠스는 아인슈타인처럼 생각하고, IBM의 빅 블루와 같은 기억용량을 가지고 있으며, 간디 같은 의지력을 발휘한다"며 주류경제학이 전제하는 합리적 인간상의 비현실성을 꼬집는다.

중국집 메뉴판에 정식 코스 A1만 원, B2만 원, C3만 원, D4만 원의 4종류가 있다면 나는 어떤 코스를 선택할 것인가.

대체로 크게 어려울 것 없는 사람들과 같이 같다면 B를, 좀 어려운 사람들을 모시고 갔다면 C를 선택하지 않을까. A나 D코스를 선택하는 경우는 드물다. 코스별 요리의 재료를 비교하고 효용성을 계산하여 선택하는 것이 아니라 '제한된 합리성bounded rationality' 에 의해 기존 경제학이 가정하는 완벽한 합리성보다는 조금 더 느슨하게 판단하여 어느 정도 자신에게 만족스러운 대안을 선택한다는 것이다. 위 메뉴 선택의 경우 특정 정보에 기준점을 설정해 자신의 판단이나 생각을 그 기준점 쪽으로 맞춰가는 성향에 따라, 가장 싸지 않은 코스 B와 비싼 쪽에 들어가는 코스 C 중에서 선택하는 경향이 있다.

이와 같이 인간의 직감적 선택과 그러한 선택을 반복하며 생기는 편향 bias이 행동경제학의 대표적인 연구 주제다. "급할수록 천천히 가라" 거나 "싼 게 비지떡" 처럼 선택의 상황에서 복잡한 논리 과정을 거치치 않고도 스스로 만족할 수 있는 선택을 하기 위해 사용되는 판단 방식이다.

이러한 인간 심리에 대한 구체적 이론을 형성하면서, 기존 경제학이 설명하지 못하는 현실 세계의 비합리성을 파악하는 데 유용한 행동경제학이지만, 경제학계 내부에서는 기존 경제학의 대안으로서는 아직 미진하다는 평이 있다. 행동경제학이 말하고자 하는 인간의 비합리성이 기존 경제학의 합리성에 의존한다는 점 등이 제기된다. 그러나 행동경제학은 기존 경제학이 설명하지 못했던 비합리적 행동을 기존의 경제이론에 심리적 특성을 반영해 경제 주체들의 경제 행태를 더 다양하게 분석하는 데 도움을 준다.

호모 이코노미쿠스는 합리적이고 경쟁력 있는 의사결정을 하며, 자신의 경제적 지위 향상을 위해 끊임없이 노력하는 직장인이다.

20세기를 주름잡던 호모 이코노미쿠스는 21세기를 지나며 급격히 무너지고 있다. 생존을 위한 돈 벌기에 매달린 삶에서 어떤 의미나 보람을 찾기 어렵다. 직장이란 '바쁘게 보이기 위해 바쁜 것' 이라는 인식이 더 이상 사회적 가치를 제공하는 일과 거리가 멀다는 생각을 덮어가고 있다.

사회적 문제와 별개로 개인인 각자는 호모 이코노미쿠스의 붕괴를 어떻게 극복할 것인가. 호모 이코노미쿠스는 더 이상 직장인이 추구해야 할 좌표가 아니다. 직장은 직장인의 목적이 아님을 먼저 인식할 필요가 있다.

나는 왜 직장에 다니는 걸까?

조직계급에서
기술계급의 시대로

　대량생산이 시작된 산업혁명 이후 세상은 여러 모양의 계급사회를 만들어내고 있다. 각양각색의 조직이 만들어지고 각 조직의 효율적 운영을 위해 계급체계가 형성되었다. 기업 내에서도 계속 세분화되는 조직계급이 분화되고 고착화되어 가면서 산업의 혁명시대를 계속 가속화할 수 있었다. 최근 4차 산업혁명은 산업 전반에서 양태의 변화를 가져올 뿐 아니라 조직에서도 새로운 계급 사회의 출현을 예고하고 있다. 바로 기술계급의 진화다.

　한국전자통신연구원ETRI는 〈소시오테크 10대 전망〉이라는 미래 전망 보고서에, 가까운 미래에는 기계와 대화가 가능한 언어를 능숙하게 사용하는 이른바 '기술계급'이 탄생할 것이라는 전망을 내놓은 바 있다. **기술을 가진 개인의 권력이 커지면서 기술계급 사회가 올 것이라는 예측이다. 데이터 활용과 밀접한 관련이 있는 하드웨어나 소프트웨어 직무를**

담당하는 사람들이 급부상하면서 기술계급이라는 새로운 계급사회를 형성하게 될 것이라는 전망이다.

이렇게 협의적인 용어로 '기술'을 해석하지 않는다면 결국 4차 산업혁명은 직장인의 계급 구조를 종전의 '경력=지식'의 생물학적 수명을 의미하는 조직계급에서 '지식=능력'의 사회적 수명을 의미하는 기술계급으로의 전환을 이끌고 있다고 본다. 기술계급은 콘텐츠 혁명으로 대변되는 4차 산업혁명의 소프트 파워를 주도하는 사람을 의미하며, 창의성, 감성, 영감을 기반으로 창조적인 활동을 하는 직업군으로 정의된다.

연말이 되면 임원 승진의 기쁨을 갖는 사람들을 보게 된다.

친한 사이라면 농담 삼아 "수명 연장에 성공했다"며 축하의 말을 건넨다. 대개는 회사를 더 다니게 되어서 사회적 수명이 늘어난 것을 두고 하는 말이다. 그런데 한 연구 결과를 보면 직위가 높을수록 생물학적 수명도 증가한다고 하니, 승진이 실제 앞으로 살 나이가 늘어났다는 말도 된다는 것이다. 이와 관련한 대표적인 연구가 영국에서 진행된 '화이트홀 스터디Whitehall Study'인데, 화이트홀은 영국 런던의 정부청사 밀집지역을 지칭하며, 여기서 일하는 수만 명의 공무원들의 직급과 사망률의 상관관계에 대한 연구가 진행되었다.

놀랍게도 그 결과는 직급과 사망률이 반비례한다는 것이다. 직급이 높으면 스트레스로 인해 사망률이 높지 않을까라는 일반적 추론과 반대의 결과가 나온 것이다. 오히려 자기 업무를 통제할 수 있는 권한이 클수록 심혈관계 질환 발병률이 낮고, 권한이 작으면 발병률이 2배 이상으로 높아진다고 조사되었다.

이는 스트레스가 원인으로 본다. 직위가 높다는 건 권한이 크고, 자원도 임의적 동원이 가능하다. 그래서 문제가 발생할 경우 자신이 원하는 방식으로 해결할 수 있다. 그러나 지위가 낮으면 다르다. 상사로부터 끊임없이 감시와 통제를 받아야 한다. 자율이 부족하다. 문제를 해결하기 위해 소요되는 필요한 자원 동원도 어렵다. 스트레스가 높아질 수밖에 없다.

하버드 케네디스쿨의 제니퍼 러너 교수 팀의 연구도 같은 결과를 보여준다. 직급이 낮을수록 스트레스 호르몬인 '코르티솔' 수치가 높게 나왔고, 불안지수도 높게 측정되었다. 이 같은 스트레스는 결국 심혈관계 질환의 발병률을 높이고, 일찍 사망하게 된다. 이와 같이 "높은 직위일수록 중요한 의사결정을 하기 때문에 스트레스를 더 받을 것이라는 생각은 오류임이 입증됐다"고 본다.

조직계급 사회에서의 아이러니다. 이를 해결하기 위해 심리적 치료를 더하거나 제도의 변화를 주는 방식으로는 부족하다. 세상이 너무 급격히 변화하고 있기 때문이다. 결국 해결책은 조직계급에서 기술계급으로의 전이다.

부하직원에게 자율을 주고 권한을 위임해야 한다. 문제해결에 필요한 정보와 자원도 손쉽게 얻을 수 있도록 해야 한다. 이렇게 상사가 부하직원을 도우면 부하직원은 스트레스를 덜 받을 것이다. 심혈관계 질환에 덜 걸리고 수명은 늘어날 것이다. 협업과 소통의 조직 문화를 확산시켜야 한다는 것이다. 또한 실패를 용인하고 도전을 장려하는 분위기 조성도 필요하다. 시대 변화를 이끌어갈 기술계급의 양적 시스템 구축이 필요하다. 그런데 여기서 지금 조직계급의 언저리에 있는 나는 어떻게 기술계급으로 진화할 수 있을지, 개인인 나는 이 성공적 진화를 위해 무엇을 해야 할까? 이 대목에서 발명가 에디슨의 말에 주목할 필요가 있다.

"다른 사람이 이미 성공적으로 발견한 아이디어에 대해 계속 관심을 가져라. 그 아이디어를 차용하기만 해도 독창적인 아이디어를 만들 수 있다."

무수한 실패와 성공의 아이콘인 에디슨은 하늘 아래 새로운 것은 없으며, 사물에 대한 관찰의 중요성을 이야기하고 있다. '관찰이 창의성의 원천'이라는 뜻이지만 그 바닥에는 '합리적 의심'을 내포하고 있다.

사물에 대한 합리적 의심은 '왜 이렇게 될까?' 라는 질문을 끊임없이 던지라고 요구한다. **이렇게 창의성으로 연결되는 관찰력을 향상하기 위해서는 '왜' 라고 질문할 수 있는 지식이 필요하다. 지식의 크기는 관찰의 크기를 규정하고, 결국 창의성의 크기를 결정한다.**

직장인의 44.4%는 창의성을 키우기 위해 '다방면으로 책을 많이 읽어야 한다'고 생각하며, '여행이나 취미생활 등 휴식을 즐겨야 한다22.8%', '타고나야 한다21.4%', '창의성이 뛰어난 사람을 만나며 롤 모델로 삼아 닮으려고 노력해야 한다'고 대답한다.

나는 창의성을 키우기 위해 올 한 해도 열심히 살아야 한다.

직장생활이 달라졌어요

초판 1쇄 인쇄 2020년 08월 01일
1쇄 발행 2020년 08월 12일

지은이   정정우
발행인   이용길
발행처   **모아북스**
             MOABOOKS

관리   양성인
디자인   이룸

출판등록번호   제 10-1857호
등록일자   1999. 11. 15
등록된 곳   경기도 고양시 일산동구 호수로(백석동) 358-25 동문타워 2차 519호
대표 전화   0505-627-9784
팩스   031-902-5236
홈페이지   www.moabooks.com
이메일   moabooks@hanmail.net
ISBN   979-11-5849-135-2   03320

이 도서의 국립중앙도서관 출판예정도서목록(CIP)은 서지정보유통지원시스템 홈페
이지(http://seoji.nl.go.kr)와 국가자료공동목록시스템(http://www.nl.go.kr/kolisnet)
에서이용하실 수 있습니다. (CIP제어번호 : CIP2020031214)

모아북스 는 독자 여러분의 다양한 원고를 기다리고 있습니다.
MOABOOKS
      (보내실 곳 : moabooks@hanmail.net)